Robert Heilbroner

Kapitalismus im 21. Jahrhundert

Aus dem Amerikanischen von
Yvonne Badal

Carl Hanser Verlag

Titel der Originalausgabe:
21st Century Capitalism
W. W. Norton, New York, 1993
© 1993 by Robert Heilbroner

1 2 3 4 5   98 97 96 95 94

ISBN 3-446-17700-0
Alle Rechte an dieser Ausgabe vorbehalten
© 1994 Carl Hanser Verlag München Wien
Satz: Fotosatz Reinhard Amann, Aichstetten
Druck und Bindung:
Schauenburg Graphische Betriebe GmbH, Schwanau
Printed in Germany

Für Sammy
wenn er etwas älter geworden ist

Inhalt

I

Einführung

»Die Geschichte lehrt gar nichts, sondern bestraft nur, wenn wir keine Lehren aus ihr ziehen.« Dieser bittere Aphorismus des verstorbenen russischen Mediävisten Wassili Kliutschewski[1] wendet sich direkt an eine Generation, die im wahrscheinlich lehrreichsten Jahrhundert der modernen Zivilisation gelebt hat, aber er bezweifelt, ob sie dessen Botschaft verstanden hat. Die Geschichte scheint uns mitteilen zu wollen, daß der Steigungswinkel des menschlichen Fortschritts kaum wahrnehmbar ist, ja sogar möglicherweise bei Null liegt. Man sollte daher nicht verzweifeln, wenn man entdeckt, daß uns hundert Jahre Courage, Vorstellungsreichtum und Opfer zurück auf Feld eins gebracht haben. Ich erinnere mich an ein Gespräch, das ich vor zehn Jahren mit einem alten Freund, einem hervorragenden Anthropologen, geführt habe. Wir diskutierten über den Haß zwischen Hindus und Moslems, Moslems und Juden, Juden und Arabern, irischen Protestanten und Katholiken, Weiß und Schwarz, Stamm und Stamm und zwischen den Fraktionen, die sich im Kampf um die Gleichberechtigung der Frau gebildet haben. »Und wir haben geglaubt, dies wäre das Jahrhundert der Aufklärung!« sagte mein Freund. Was würde er heute sagen, angesichts der Nachwehen des Kommunismus, der zu unseren Lebzeiten angetreten war, die Zukunftsgeschichte der Menschheit neu zu schreiben; angesichts der Wiederkehr von Hakenkreuzen in Polen und Skinheads in Deutschland, die sich nicht darum scheren, was den »Sieg« nach dem Zweiten Weltkrieg davongetragen hat; angesichts des Gemetzels in Jugoslawien, das das gleiche über den »Sieg« des Ersten Weltkriegs aussagt; und angesichts der Zurschaustellung eines triumphierenden Kapitalismus in Gestalt der Vereinigten Staaten von heute.

Kliutschewskis Aphorismus macht jeden Versuch zunichte, vorausschauend über die immense Spannweite eines Jahrhunderts schreiben zu wollen. Es stellen sich Fragen, deren Umfang nur noch von ihrer Undefinierbarkeit übertroffen wird: Was ist im menschlichen Miteinander vom Fortschrittsgedanken übriggeblieben? Steht uns als Nachfolger des Kapitalismus eine neue Art von Sozialismus bevor? Ist die menschliche Natur die Wurzel all unserer Probleme? Solche Fragen werde ich in diesem Buch stellen, wenn auch nur indirekt und ausschnittsweise, denn meiner Meinung nach sollte man sie wie durch ein Okular betrachten, damit sie uns in faßbaren Dimensionen und vorstellbaren Zusammenhängen sichtbar werden. Durch dieses Okular bietet sich dann das Erscheinungsbild jenes Gesellschaftssystems, in dem wir während des kommenden Jahrhunderts leben werden.

Das ist ein gar nicht so verwegenes Unterfangen, wie es den Anschein hat. Der Kapitalismus des 21. Jahrhunderts beginnt in weniger als zehn Jahren, sein nächstgelegener Punkt ist also fast schon greifbar. Danach beginnt seine Zukunft von einhundert Jahren – ein Zeitraum, den wir durchaus (wie vage auch immer) in unsere gegenwärtigen Überlegungen einbeziehen können; hingegen könnten wir das nicht, wären wir aufgefordert, über die Aussichten des Kapitalismus – oder eben der Menschheit – bis zum Jahr 3099 nachzudenken. Aus diesem Grund grenze ich mit dem Begriff »Jahrhundert« eine Zukunft, auf die wir unsere Fähigkeit zum vernünftigen und logischen Denken richten können, von einer entfernter liegenden Zukunft ab, der wir höchstens von Gottvertrauen oder Verzweiflung gelenkte Überlegungen widmen können. Und ich verwende das Wort »Kapitalismus« – womit vor allem der amerikanische Kapitalismus gemeint ist –, denn es lenkt unsere Aufmerksamkeit auf die große, vertraute Terra incognita, auf der sich für die meisten meiner Leser das 21. Jahrhundert abspielen wird. Hier jedenfalls werde ich auf die Suche gehen – nicht nur nach den wie auch immer lautenden Schlußfolgerungen über Optionen und Hindernisse, die die Zukunft uns bringen wird, sondern auch nach den Anhaltspunkten für die Lehren, die die Menschheit aus der Geschichte ziehen muß, wenn sie deren Strafen mildern will – denn ganz entgehen wird sie ihnen wohl nicht.

2

Kapitalismus
aus der Ferne betrachtet

1

Der Titel dieses Buches erweckt den Anschein, als wollte ich
großartige Vorhersagen machen, doch zur Erleichterung oder
aber zur Enttäuschung meiner Leser muß ich klarstellen, daß
dies nicht meine Absicht ist. In den siebziger Jahren hatte ich
einmal Gelegenheit zu einer Diskussion darüber, wie treffsi-
cher Ökonomen die großen Ereignisse der vorangegangenen
zwanzig Jahre vorhergesagt hatten – das Entstehen von multinationalen Konzernen, das Auftauchen von Japan als Wirt-
schaftsgroßmacht und die Inflation als chronisch auftauchen-
des Problem in allen Industriestaaten. Nicht eine einzige dieser
welterschütternden Entwicklungen war vorhergesehen worden.[2] Auch in jüngerer Vergangenheit gab es eine ganze Reihe
von gleichermaßen bedeutenden Ereignissen auf der Welt-
bühne, beispielsweise der Produktivitätsrückgang, unter dem
alle Westmächte litten, oder der bemerkenswerte Führungs-
verlust der Vereinigten Staaten als globale Wirtschaftsmacht.
Wie genau wurden diese Entwicklungen von den großen
Forschungsinstituten vorhergesehen, die mit ihren Antennen
ständig auf Suche nach den Trends sind? Die Antwort lautet:
Keines von ihnen hat sie vorhergesehen. Schließlich kommen
wir zum vielleicht entscheidendsten wirtschaftlichen Wende-
punkt in der neueren Geschichte – dem Zusammenbruch der
Sowjetwirtschaft. Ich weiß von keiner einzigen Wirtschafts-
organisation, die dieses Debakel erwartet hat – eingeschlossen all jene, die Zugang zum geheimen Wissen der Nachrich-
tendienste ihrer Regierungen hatten.

Ich werde also nicht so töricht sein, dasselbe zu tun, was so viele andere vergeblich versucht haben – nämlich die Zukunft des Gesellschaftssystems vorherzusagen, in dem wir leben. Aber wie kann ich mich dann überhaupt an das Thema – Kapitalismus im 21. Jahrhundert – heranwagen? Meine Antwort lautet: Indem ich die Aussichten für den Kapitalismus aus einer Perspektive betrachte, die man zukunftsbezogenes Verständnis nennen könnte. Wie zu sehen sein wird, unterscheidet sich diese Perspektive deutlich von einer Voraussage. Angenommen beispielsweise, wir würden das Spektrum des heutigen Kapitalismus von diesem neuen und noch unbeschriebenen Ausgangspunkt aus betrachten: Wir würden augenblicklich etwas entdecken, das uns wahrscheinlich niemals aufgefallen wäre, wenn wir nur an einer Vorhersage darüber interessiert gewesen wären, welche Länder im Jahre 2025 Führungsmächte sein könnten und welche hinterherhinken werden. Es ist eine bemerkenswerte Tatsache, daß Japaner, Schweden, Amerikaner, Kanadier oder Franzosen, Deutsche, Engländer und Italiener, die weder dieselben Gewohnheiten und Gebräuche haben, noch sich über politische Mittel und Zwecke einig sind und außerdem einen völlig unterschiedlichen Sinn für Humor und divergierende Vorstellungen von Bürgerpflicht haben, dennoch eine höchst wichtige, anspruchsvolle und komplexe gemeinsame Aufgabe mit überraschend einmütigem Verständnis und gleicher Zielsetzung bewältigen: Sie können Geschäfte miteinander machen. Das heißt, sie können Tauschgeschäfte auf den Märkten abwickeln, an einem Verhandlungstisch Verträge abschließen oder sich bei Vorstandssitzungen als Individuen begegnen, die zumindest einen Aspekt des Lebens auf sehr ähnliche Weise sehen. Dieser Aspekt betrifft die Art und Weise, wie das Wirtschaftsleben organisiert wird.

Betrachtet man den Kapitalismus aus dieser ungewöhnlichen Perspektive, dann steht uns ein auf die Zukunft bezogener Denkansatz zur Verfügung, den wir nicht hätten, wenn wir das Problem aus der Sicht eines einzelnen Landes – auch wenn es ein Land wäre, das wir sehr gut kennen – beleuchten würden. Was diesen Ansatz unterscheidet, ist, daß er uns bewußt macht: Der Kapitalismus ist ein System, dessen grundlegende Orientierung in jeder einzelnen seiner jeweiligen nationalen Verkörperungen zu entdecken ist. Nur wenn wir uns dieser Orientierung bewußt sind, können wir herausfinden, ob hinter den Dingen, die so in Bewegung sind, eine Logik steckt – eine Logik, die es uns erlaubt, über den Kapitalismus des 21. Jahrhunderts auf eine Weise nachzudenken, die ihre Gültigkeit ganz unabhängig davon behält, ob wir Bürger der Vereinigten Staaten, Schwedens oder Japans sind. Die Vorhersagen, die wir auf Basis dieses Verständnisses machen können, werden – ähnlich wie die Vorhersagen über geteilte Hoffnungen und Ängste – nicht notwendigerweise genauer, aber sehr viel weniger wahrscheinlich falsch oder irreführend sein, da die Bedürfnisse aller kapitalistischen Systeme und daher jedes einzelnen von ihnen zugrunde gelegt wurden.

Der Versuch, über den Kapitalismus hinauszudenken, noch während die Wirtschaftsgesellschaft des 21. Jahrhunderts kapitalistisch ist, sollte uns helfen, darüber nachzudenken, was sich aus ihm entwickeln kann; und dieser Versuch wird uns überdies helfen, herauszufinden, wo der Standort unseres eigenes Landes innerhalb der weiter gesteckten Grenzen von historischen Möglichkeiten liegen könnte.

2

Aber derartige Exerzitien unserer Phantasie können wir uns erst erlauben, wenn wir zuvor etwas anderes erforscht haben. Das heißt, wir müssen uns erst damit vertraut machen, wie der Kapitalismus aus diesem entfernten Blickwinkel aussieht. Ich schlage vor, wir tun dies, indem wir einen Teil der Welt betrachten, der eindeutig nicht kapitalistisch ist, und im Anschluß daran höchst ungewöhnliche Fragen stellen. Ich habe zu diesem Zweck das Volk der !Kung[3] ausgewählt – die sogenannten

Buschmänner in der Kalahariwüste des südlichen Zentralafrikas. Unser Besuch bei ihnen findet statt, während Gai, ein Buschmannjäger, der gerade mit einem wohlgezielten Pfeilschuß eine Gazelle erlegt hat, dabei ist, die Beute aufzuteilen. Die Anthropologin Elizabeth Marshall Thomas schildert die Szene in ihrem klassischen Werk über das Volk der !Kung:

»Gai gehörten zwei Hinterbeine und ein Vorderbein. Tsetchwe bekam Fleisch aus dem Rücken, Ukwane hatte das andere Vorderbein, seiner Frau standen ein Fuß und der Magen zu, die kleinen Jungen bekamen meterlange Gedärme. Twikwe hatte sich den Kopf reservieren lassen, und Dasina das Euter.

Die Art und Weise, wie die Buschmänner ihre Beute teilen, erscheint einem sehr ungerecht, und doch tun sie es nach einem bestimmten System, denn am Ende ißt keiner von ihnen mehr als der andere. Diesmal gab Ukwane Gai noch ein anderes Stück, weil Gai mit ihm verwandt ist, und Gai gab noch etwas Fleisch an Dasina ab, weil sie die Schwester seiner Frau ist … Selbstverständlich hat niemand Gai seinen größeren Anteil streitig gemacht, denn er war der Jäger, und nach ihrem Gesetz stand ihm diese Menge zu. Niemand bezweifelte, daß auch er seinen großen Anteil noch mit anderen teilen würde, und sie hatten recht, denn natürlich teilte er.«[4]

Nun zu den ungewöhnlichen Fragen: *Bedarf es ökonomischer Kenntnisse, um zu verstehen, was hier vor sich geht?* Natürlich müssen wir eine Menge über die spezifische Kultur der !Kung wissen – über ihr Brauchtum und ihre Ansichten, ihre familiären Strukturen und ähnliches. Aber über Ökonomie? Vielleicht klingt die Frage weniger ungewöhnlich, wenn ich sie umgekehrt stelle. Nehmen wir einmal an, daß die !Kung in Begleitung eines anthropologischen Freundes zu einem Gegenbesuch nach New York, Paris oder anderswohin aufgebrochen sind. Müßten sie etwas von Ökonomie verstehen, um zu begreifen, was sie an diesen fremden Orten zu sehen bekommen?

So betrachtet, läßt sich die Frage sehr viel leichter beantworten. Ich bin sicher, wir können uns darauf verständigen, daß das Leben in einer westlichen Großstadt ohne ökonomische Kenntnisse unbegreiflich bliebe – ich spreche nicht von all dem Zeug aus den Lehrbüchern oder der Fähigkeit, den Wirtschaftsteil einer Zeitung verstehen zu können, ganz zu schweigen von ihren Leitartikeln. Ich spreche von einem ganz allgemeinen Wissen darüber, was man unter »Arbeit« versteht und welche Rechte auf Entgelt mit ihr verbunden sind; oder von einer gewissen Vertrautheit mit dem Zweck jener Scheiben und Papierrechtecke, die man »Geld« nennt; oder davon, eine zumindest vage Vorstellung zu haben, weshalb die Anzahl dieser Scheiben und Papierrechtecke von einem Tag auf den anderen höher oder geringer werden kann, wenn man genau den gleichen Gegenstand in seinen Besitz bringen will. Solche alltäglichen Abläufe wären für jemand, der aus einer primitiven Gesellschaft kommt, äußerst mysteriös. Bei den !Kung wird nicht »gearbeitet«, obwohl es natürlich jede Menge Plackerei gibt, denn Arbeit beinhaltet komplexe rechtliche und gesellschaftliche Vereinbarungen, die in einer primitiven Kultur nicht bestehen;[5] sie haben kein »Einkommen« im gesellschaftlichen und rechtlichen Sinn unseres Wortes; und natürlich haben sie keine Vorstellung von Geld und daher auch nicht von Preisen. In diesem grundlegenden Sinn kann man sagen, daß ökonomische Kenntnisse zum Verständnis des Lebens in der Kalahari ebensowenig notwendig sind, wie sie für ein Leben in New York oder Paris unerläßlich sind.

Die ungewöhnliche Frage führt uns nun zum eigentlichen Thema unserer Untersuchung, nämlich zum inneren Wesen des Kapitalismus. Wieso gibt es keine »Ökonomie« in der Gesellschaft der !Kung, wohingegen Ökonomie das Leben in westlichen Gesellschaften alles durchdringt? Die Antwort kann nicht lauten, daß die Menschen in der Kalahari grundsätzlich keine Produktions- und Verteilungsaktivitäten ausüben würden. Die sind Voraussetzungen zum Überleben auf der ganzen Welt. Naturvölker erfüllen die Aufgaben, die zu ihrem Lebensunterhalt und Fortbestand nötig sind, wie die meisten modernen Gesellschaften – die !Kung pflegen ihre Körper, versorgen ihren Haushalt, reparieren oder bauen ihre Hütten, stellen Werkzeuge und Arbeitsgeräte her und begeben sich auf lange und anstrengende Reisen. Wenn wir sagen, daß es keine offensichtliche Ökonomie bei dem Volk in der Kalahari gibt, so meinen wir, daß kein besonderes Fachwissen notwendig ist, um das ökonomische Leben dieses Volkes zu verstehen. Kennen wir erst einmal seine Kultur, seine Politik und seine Technologie, so bedarf es keiner weiteren Erklärungen hinsichtlich seiner »Ökonomie«.

Um zu verstehen, weshalb es manchmal nötig und manchmal unnötig ist, Kenntnisse von etwas zu haben, das wir »Ökonomie« nennen, müssen wir uns auf eine weitere Phantasiereise begeben. Diesmal tun wir es, indem wir in den Seiten eines riesigen historischen Atlas blättern, der die vielen tausend bekannten unterschiedlichen Gesellschaften in der Menschheitsgeschichte darstellt, welche alle notwendigerweise mit dem Problem zurechtkommen mußten, die erforderlichen Mittel für ihren Fortbestand zu produzieren und zu verteilen. In diesem Atlas finden wir gerademal eine Handvoll Gesellschaften – und auch das erst auf den letzten Seiten des Buches –, bei denen wir die typischen Merkmale des Kapitalismus erkennen können. Hier endlich tritt die Ökonomie als eine Art von Verständnishilfe, ohne die die Problemlösungen dieser Gesellschaften hinsichtlich Produktion und Verteilung unverständlich bleiben würden, sichtbar in den Vordergrund. Hier bekommen wir auch eine Ahnung von den spezifischen Merkmalen der »Geschichte«, die ihre Lehren vor uns verbirgt.

Das Blättern in diesem Atlas ist aus zweierlei Gründen interessant. Zum einen erfahren wir zu unserem Erstaunen, wie außergewöhnlich variantenreich sich menschliche Gemeinschaften mit dem abgeplagt haben, was wir »das Ökonomische Problem« nennen könnten. Von Gesellschaft zu Gesellschaft entdecken wir große Unterschiede bei den Auswahlkriterien – Geschlecht, Familie, Rasse, Bestrafung, Ambition –, wer zum Jagen und Sammeln in die Wälder und Felder geschickt wurde und wer nicht. Es gab gewaltige Unterschiede bei den Prinzipien der Verteilung an die verschiedenen Mitglieder und Klassen der Gesellschaft, und gleichermaßen große Unterscheidungen können bei einer Erklärung dieser Unterschiede zwischen Bevorzugten und Benachteiligten getroffen werden.

Der zweite interessante Aspekt dieses Gesellschaftsatlas ist das Gegenteil des ersten. Im Gegensatz zum Variantenreichtum geht es nun um die erstaunlich geringe Zahl an allgemeinen Lösungsmöglichkeiten für Probleme, die die Sicherung des materiellen Fortbestands einer Gesellschaft betreffen. Trotz all der Vielfalt ist dieser Atlas letztlich in nur drei Hauptabschnitte gegliedert. Ein Beispiel für den ersten dieser drei Abschnitte haben wir bereits mit dem Volk aus der Kalahari gefunden. Wie lösen die !Kung – und die überwältigende Mehrheit all der menschlichen Gesellschaften, von denen wir überhaupt historische Kenntnis haben – das Problem, ihren Lebensunterhalt und den anderen Bedarf zu produzieren, und auf welche Weise verteilen sie, was sie produziert haben, damit es ihnen möglich ist, ihren gesellschaftlichen Fortbestand zu sichern?

Die unmittelbare Beobachtung liefert am schnellsten eine Antwort. Bereits im frühesten Kindesalter werden den !Kung alle Fertigkeiten beigebracht, die sie einmal brauchen werden, und bereits zu diesem Zeitpunkt werden sie in all den Rollen unterwiesen, die sie einmal übernehmen sollen, und zwar indem die Älteren sie auf ihre Jagd- oder Sammelzüge mitnehmen. Die grundlegende Aufgabe der Ausbildung zur Arbeitskraft wird demnach als Teil eines Sozialisationsprozesses erfüllt, dem sich alle unterwerfen müssen, wenn sie ein akzeptiertes Mitglied der Gemeinschaft werden wollen. Bei Naturvölkern wie den !Kung ist die Unterwerfung unter uralte Erfahrungen das herrschende Sozialisationsprinzip, weshalb wir bei einer derartigen Organisation von Produktion und Verteilung auch von einer traditionsgeleiteten Ökonomie sprechen.

Aus dem Blickwinkel unserer Untersuchung muß jedoch ein wichtiger Punkt hinsichtlich dieser ältesten, dauerhaftesten und der vielleicht am nachhaltigsten das Leben sichernden Art und Weise, in der man das ökonomische Problem meistern kann, hervorgehoben werden: Es gibt nichts in diesem Sozialisationsprozeß, was der speziellen Expertise eines Ökonomen bedürfte. Um die Handlungsweisen der Gesellschaft in der Kalahari zu begreifen, brauchen wir genaue Kenntnisse von ihrer Kultur, sonst bliebe uns das Prinzip der Verteilung von Gais Beute unverständlich; wir müssen wissen, wie »politische« Entscheidungen getroffen werden, wenn es beispielsweise darum geht, wann die Gemeinschaft einen Lagerplatz verlassen und zum nächsten ziehen wird. Und wir müssen einige ihrer Techniken beim Jagen und Sammeln kennen, um zu verstehen, weshalb die Gemeinschaft mit ihren bestimmten Funktionen auf gerade die Weise verfährt, in der sie verfährt.

Allerdings würde man normalerweise nichts von alledem ökonomisches Wissen nennen. Gibt es vielleicht eine tiefere Durchdringungsebene, die uns Einsichten in eine ökonomische Motivation verschaffen könnte, welche unterhalb der gesellschaftlichen »Oberfläche« liegt? Ein westlicher Wirtschaftswissenschaftler von heute würde vielleicht behaupten, daß ein solches Motiv in jenem Denkschema gefunden werden kann, welches hinter allen Aktivitäten zu vermuten sei – eine fundamentale Motivation, die von Ökonomen als persönliche

»Nutzenmaximierung oder -befriedigung« bezeichnet wird. Ist dies vielleicht der Schlüssel zur menschlichen Natur, die aus unserem Blickwinkel »hinter der Geschichte« verborgen liegt? Ich fürchte, dies ist eine eher schwache Erklärung für eine so starke Antriebskraft. Möglicherweise wird Gai von einem Maximierungsimpuls zur Jagd und Dasina zum Sammeln getrieben, aber um damit ein Verhalten erklären zu können, müßten wir auch auf der Behauptung bestehen, daß sogar Gais Bruder, der im Hintergrund faulenzte, seinen Nutzen maximierte. Eine »Erklärung«, die jede nur vorstellbare Verhaltensweise abdeckt, also auch die eindeutig nicht-ökonomische, kann uns nichts über ein Verhalten sagen, das spezifisch »ökonomisch« ist.

Um zu meiner ungewöhnlichen Frage zurückzukommen: Dies soll nicht besagen, daß es in der Organisation von primitivem Gesellschaftsleben keine »Ökonomie« gäbe oder daß die menschliche Natur nicht unauflösbar mit ihren Verhaltensweisen verwoben sei. Vielmehr ist mein Punkt, daß Produktion und Verteilung, welche Motive und Zwänge auch immer damit verbunden sein mögen, unauflösbar mit den kulturellen, politischen oder technologischen Attributen solcher Gesellschaften verflochten sind. Oder um es anders auszudrücken: Wenn wir alles wüßten, was es über jene gesellschaftlichen Kräfte zu wissen gäbe, die Kultur, politische Beziehungen und Technologie der !Kung geformt haben, was bliebe einem Ökonomen dann noch herauszufinden?

Im Gegensatz zu Tradition nennt man den zweiten großen, übergreifenden Mechanismus: Gebot. Wie der Name schon sagt, löst er die Probleme von Produktion und Verteilung mittels eines Befehls von oben. Das können die Gebote eines Pharaos oder das Gesetz eines Staates sein; in kleinerem Rahmen können es die Gebote eines Stammeshäuptlings oder der Erlaß eines Gemeinderats sein, die Befehle eines Plantagenbesitzers oder die Anordnung eines Fabrikdirektors. Gebote unterscheiden sich von Tradition in zwei wichtigen Hinsichten. Erstens erfordern sie einen Ausführungsmechanismus, der sich von den internalisierten Zwängen der Sozialisation unterscheidet. Dieser Mechanismus heißt Druck – tatsächliche oder angedrohte Ausübung von Bestrafung. Ein Gebot, das nur durch die Zwänge existierender Sitten und Gebräuche getragen wird, wäre nichts weiter als eine Form von Tradition. Das gehorsame Befolgen der Befehle von römischen Kaisern oder sowjetischen Kommissaren bedurfte noch etwas anderen als nur der internalisierten Zwänge der Tradition – tatsächlich hat dieser Gehorsam häufig erfordert, daß die Menschen gegen Brauchtum und Regeln ihrer Vergangenheit verstießen.

Und was ist mit der Ökonomie eines Gebotes? Gibt es denn eine Ökonomie, die – im Sinne eines Wissensstoffs – über jene hinausgeht, welche sich auf Kulturen, Technologien und Politik – Politik vor allem – erstreckt, um beispielsweise die Funktionsweisen des alten Ägyptens oder der dahingeschiedenen Sowjetunion verstehen zu können? Wenn wir uns dem letzten Fall zuwenden, brauchen wir natürlich Kenntnisse von Kommandostrukturen als solchen und in diesem besonderen Fall von der sowjetischen Planungsstruktur. Außerdem müssen wir mit den Problemen riesiger Organisationsstrukturen wie zum Beispiel von Stahlwerken vertraut sein; und darüber hinaus brauchen wir eine Art von Wissen, das bislang nicht nötig war – das Wissen, wie man den unterschiedlichen Produktionsausstoß so frisiert, daß er mit den Blaupausen der zentralen Planer übereinstimmt. Der Zusammenbruch der Sowjetunion hat uns die außerordentlichen Schwierigkeiten vor Augen geführt, die bei der Aneignung eines solchen Wissens entstehen, doch an sich ist dieses Wissen nicht viel mehr als das ins Gigantische vergrößerte Wissen eines beliebigen Fabrikmanagers. Sicher ist es eine sehr wichtige Art von Wissen, aber ich glaube, daß wir es eher »Management« nennen würden als »Ökonomie«.

Also gelangen wir im Falle von gebotsgelenkten Gesellschaften zur gleichen Schlußfolgerung wie bei den traditionsgelenkten Gesellschaften. Die Organisationsweise der Aktivitäten von Produktion und Verteilung ist bei beiden Wirtschaftssystemen derart mit der jeweiligen Kultur, Technologie und Politik des Gesellschaftssystems verknüpft, daß kein besonderes zusätzliches Fachwissen eingebracht werden muß. Um nochmals auf den entscheidenden Punkt zu kommen: Obwohl es ganz gewiß auch in traditions- und gebotsgelenkten Gesellschaften Wirtschaftsprobleme gibt, ist dennoch bei beiden keine »Ökonomie« vorhanden – es gibt nichts, was wir nicht wissen würden, wenn wir ihre Kulturen, technischen Mittel und politischen Vereinbarungen vollständig verstanden haben.

4

Jetzt sind wir beim Markt angekommen. Die Beziehungen zwischen dem Markt – als Mittel zur Organisation von Produktion und Verteilung – und dem Kapitalismus – als größerer Gesellschaftsordnung, in der der Markt eine entscheidende Rolle spielt – werde ich erst einmal beiseite lassen. Da wir noch immer herauszufinden suchen, wo die Ökonomie ins Bild paßt, wollen wir uns zuerst die Funktionsweisen des Marktes anschauen, und zwar aus demselben Blickwinkel des Nichtwissens, von dem aus wir Gai beim Verteilen seiner Gazelle beobachtet haben.

Diesmal wollen wir uns jedoch vorstellen, daß die !Kung, nachdem sie zutiefst beeindruckt von ihrer Reise in den Westen zurückgekommen sind, nun selbst eine solche Gesellschaft aufbauen wollen. »Sag mal«, fragen sie, »sollten wir uns auf irgendeine besondere Weise organisieren, damit wir die tollen Sachen, die wir im Ausland gesehen haben, kopieren können?«

»Natürlich sollt ihr das«, antworten wir. »Ihr müßt eine Marktwirtschaft aufbauen.«

»Also gut«, stimmen die Alten zu. »Was sollen wir unserem Volk befehlen?«

»Naja,« antworten wir, »der erste Punkt ist, daß ihr gar nichts befehlen könnt. Euer Volk kann tun, was es will. Der grundlegende Unterschied zwischen einer Marktwirtschaft und dem Wirtschaftsleben in einer traditionellen Gemeinschaft wie der euren oder einer Gebotsgesellschaft wie dem alten Königreich von Dahomey ist, daß in einem marktwirtschaftlichen System jeder Mensch tun und lassen kann, was er will.«

Alle sind ziemlich bestürzt. »Du meinst«, wagt sich einer der tapferen Alten vor, »daß wir unsere Frauen nicht mehr zum Sammeln und unsere Männer nicht zum Jagen schicken können? Daß wir keine Vorkehrungen treffen können, um unsere Hütten zu bauen oder zu reparieren? Was geschieht, wenn keiner mehr sammeln oder jagen geht oder unsere Schlafplätze renoviert?«

»Macht euch keine Sorgen«, antworten wir. »All diese Aufgaben werden erledigt werden. Weil es nämlich im Interesse eurer Schwester liegt, sammeln zu gehen, und im Interesse eures Bruders, zu jagen, und im Interesse der vielen anderen von euch, eure Hütten zu reparieren oder neue Pfeile und Bögen herzustellen.«

Sie fühlen sich sichtlich unbehaglich. »Aber schau mal«, sagt ein anderer. »Angenommen, wir riskieren diese erstaunlichen Änderungen. Wie könnten wir denn sicher sein, daß unsere Sammler die nötige Menge an Nahrungsmitteln zurückbringen werden? Wenn es in ihrem Interesse liegt, für Nahrung zu sorgen, werden sie dann nicht mehr zurückbringen, als wir brauchen, und wird dann nicht die Hälfte verrotten?«

»Auch darüber macht euch keine Sorgen«, antworten wir. »Die Marktwirtschaft wird sich darum kümmern. Wenn zu viele Nahrungsmittel zusammengetragen werden, wird sie keiner wollen, und ihr Preis wird fallen, und weil der Preis fällt, wird es nicht mehr im Interesse eurer Schwester liegen, mehr zu sammeln, als ihr braucht.«

»Aber wie werden wir wissen, ob *genug* gesammelt wurde?« fragt unser Gesprächspartner triumphierend.

»Keine Angst, der Markt wird auch dafür sorgen!«

»Aber was ist dieser Markt, der so wunderbar für uns sorgen wird? Wer wird ihn zum Beispiel anführen?«

»Naja, ihr dürft euch den Markt natürlich nicht als eine *Sache* vorstellen«, erklären wir. »Niemand führt ihn an. Es geht einzig darum, wie die Menschen sich verhalten.«

»Aber wir dachten, die Menschen könnten sich verhalten, wie sie wollen?«

»Das können sie auch. Aber ihr braucht euch keine Sorgen zu machen. Sie werden sich so verhalten, wie ihr es von ihnen erwartet.«

»Ich fürchte«, sagt das Oberhaupt der Gemeinschaft mit großer Würde, »daß du unsere Zeit vergeudest. Wir glaubten, du hättest einen ernsthaften Vorschlag zu machen. Aber was du uns da unterbreitest, ist für uns unvorstellbar.«[6]

5

Unsere Schilderung, wie eine marktwirtschaftlich orientierte Gesellschaft in den Augen dessen wirken könnte, der keine Ahnung hat, was ein »Preis« ist, bringt uns nun zur letzten Etappe unserer Rundreise, auf der wir ein Bild vom Kapitalismus gewinnen wollen. Nun erkennen wir etwas, das beinahe banal wirkt und doch höchst bedeutend ist, um unsere eigene Gesellschaftsordnung verstehen zu können: Die drei Organisationsprinzipien von Tradition, Gebot und Markt entwickeln eine völlig unterschiedliche Dynamik in den Gesellschaften, auf die sie einwirken.

Die Dynamik des ersten Organisationsprinzips ist sehr einfach. Es ist die Herrschaft von Stase, von Unwandelbarkeit. Das heißt nicht, daß damit eine passive Schicksalsergebenheit gemeint ist. Viele traditionsgelenkte Gesellschaften machen sich erzwungenermaßen während Dürre- und Hungerperioden zu langen Märschen auf, und aus neolithischen Zeiten wissen wir, daß solchen Gemeinschaften die außerordentliche Anpassung an die Bedingungen der Eiszeit gelungen ist.[7] Die alles beherrschende Bedeutung von Traditionen erzwingt auch nicht, wie wir lange geglaubt haben, die unterste Stufe der Armut. Der Anthropologe Marshall Sahlins ging sogar so weit, zu behaupten, daß diese Gesellschaften »die ersten wohlhabenden Gesellschaften« überhaupt gewesen seien, weil ihre etablierten Verhaltensweisen in großem Maße die Erwartungen ihrer Mitglieder erfüllt haben.[8] Dennoch, eine Gesellschaft, deren Reise in die Geschichte der Anleitung durch Tradition überlassen bleibt, schlafwandelt durch die Geschichte. Sie mag zwar bemerkenswerte Anpassungsleistungen erbringen – wäre das nicht der Fall gewesen, hätte die Menschheit niemals ihre gefahrenreiche Kindheit überlebt –, aber Abweichungen von den eingefahrenen Geleisen des Lebens waren immer sehr viel eher von Notwendigkeit erzwungen, als von Abenteuerlust oder Pioniergeist geprägt.

Die Dinge liegen ganz anders, wenn wir auf Gesellschaften zu sprechen kommen, bei deren Maßnahmen für Produktion und Verteilung das Gebot die entscheidende Rolle spielt. Wir wissen nicht genau, wann Gebot die Tradition als entscheidendes Organisationsmittel zu ersetzen begonnen hat – der deutsche Historiker Alexander Rustow meinte, daß es im neolithischen Zeitalter gewesen sein könnte, als berittene Nomaden über seßhafte Pflanzer herfielen und »eine neue Nachkommenschaft« begründeten, die »gewaltig überlegen« war. Rustow hält es für sehr wahrscheinlich, daß dieser mächtige Eroberer zu Pferde die erste herrschende Klasse begründet hat; abgesehen davon glaubt er, daß er der Prototyp des sagenhaften Zentauren gewesen sein könnte.[9] Dies sind phantasievolle Spekulationen. Was wir aus den Annalen der Geschichte wissen, ist, daß in so weit voneinander entfernt liegenden Teilen der Welt wie Ägypten und Mittel- und Südamerika Gesellschaften auftauchten, deren Sozialstrukturen den phänomenalen Pyramiden entsprachen, die sie erbauten. Und zweifellos waren solchen formalen gesellschaftlichen Hierarchien in vielen Teilen der Welt weniger formal stratifizierte Blutsverwandtschaftsgesellschaften vorausgegangen.[10]

Für unsere Untersuchung ist wichtig, daß in all diesen Gesellschaften das Gebot die entscheidene Rolle bei den Vorkehrungen für die Sicherung des Lebensunterhalts spielte. Das heißt nicht, daß Tradition aufgehört habe, ihren ausgleichenden Einfluß auszuüben. Über Ägypten schreibt Adam Smith, daß ein jeder das Gewerbe seines Vaters zu erlernen hatte und jeder Berufswechsel als »größte Gotteslästerung« galt.[11] Aber die ausgefahrenen Geleise der Tradition hätten weder die Ägypter noch die Inka oder Maya je dazu bringen können, ihre außerordentlichen Monumente, Tempel und Paläste zu erbauen. Und Tradition hätte niemals für die Menge an Verpflegung und Nachschub sorgen können, die die Armeen von Alexander oder Caesar am Leben erhalten hat, ganz zu schweigen vom gewaltigen Verpflegungsaufwand für das Militär beider Seiten im Zweiten Weltkrieg.

Das Gebot interessiert uns also deshalb, weil es par excellence die notwendige Organisationsmethode ist, um eine erwünschte Änderung der Entwicklungskurven in einer Gesellschaft herbeizuführen. Krieg, Revolution oder andere große gesellschaftliche Unternehmungen – beispielsweise der Aufbau eines Wohlfahrtsstaates – mögen für viele verläßlich auftretende verhaltenspsychologische Merkmale von Tradition und für die wesentlich flexibleren Mittel des Marktes – über die ich als nächstes sprechen werde – von Nutzen sein. Doch Gebot ist das unentbehrliche Mittel, will man zielbewußt die Mittel und Wege von Produktion und Verteilung ändern, ganz egal, ob sich ein solcher Wandel nun auf einen kaiserlichen Erlaß oder eine demokratische Wahl stützt.

Damit sind wir schließlich beim Markt – dem Organisationsprinzip des Kapitalismus. Auch ein kapitalistisches System wird in nicht geringem Maße vom ausgleichenden Effekt der Tradition beeinflußt (könnten wir eine Marktwirtschaft betreiben ohne die Merkmale von öffentlich gelenkter Ehrlichkeit?), aber auch von den Elementen des Gebots (hinter den Verträgen, die wir unterzeichnen, stehen die Gerichtshöfe, die sie vollstrecken). Andererseits aber unterscheidet sich der Impetus, der auf eine Marktwirtschaft wirkt, völlig von dem einer Tradition oder eines Gebots. Wo sich die traditionsgelenkte Gesellschaft wie ein Schlafwandler durch die Geschichte bewegt und die gebotsgelenkte Gesellschaft Ziele von mächtigen Individuen oder Institutionen verfolgt, da scheint die marktwirtschaftliche Gesellschaft im Griff von dunklen Kräften zu sein, die ihr eigenes verstecktes Leben führen. Sind dies die Kräfte der menschlichen Natur? Wir kommen auf diese Frage im nächsten Kapitel zurück.

Die Antriebsgesetze, die diese Kräfte hervorrufen, verschaffen uns eine besondere Art von Dynamik, die wir nun endlich als »Ökonomie« bezeichnen können. Wir alle sind mit dieser Dynamik vertraut, ob wir nun je ein Buch über Ökonomie gelesen haben oder nicht. In ihrer dramatischsten Form tritt diese Dynamik als Wellen des Erfindungsreichtums in Erscheinung, die nicht nur die schöpferischen Fähigkeiten der Gesellschaft, sondern ihre soziale Struktur und sogar ihre Beziehungen zur Natur selbst verändert haben. Die erste dieser Wellen war die industrielle Revolution des ausgehenden 18. und frühen 19. Jahrhunderts, die uns neben Baumwollspinnereien und der Dampfmaschine auch Arbeitersiedlungen und massenhafte Kinderarbeit bescherte; eine zweite Revolution brachte uns die Eisenbahn, das Dampfschiff, die Massenproduktion von Stahl und damit auch eine neue Form der ökonomischen Instabilität – Wirtschaftszyklen; die dritte Revolution führte dann die Elektrifizierung des Lebens ein und brachte die Anfänge einer Konsumgesellschaft in relativem Wohlstand; eine vierte Welle schwappte mit dem Automobil herein, das von den sexuellen Gewohnheiten bis hin zur Verlagerung von Wohngebieten alles veränderte; eine fünfte Welle folgte mit dem elektronifizierten Leben unserer Tage. Das ist natürlich eine willkürliche Aufzählung. Was an dieser

Dynamik so fesselt, ist, daß Wandel an sich zur Norm des Alltags wurde. Während der gesamten vorangegangenen Menschheitsgeschichte hatte sich das materielle Dasein der jeweils jungen Generation nicht wesentlich von dem ihrer Eltern unterschieden, und kriegerische Ereignisse oder Naturkatastrophen waren ständig zu erwarten. Ab Mitte des 19. Jahrhunderts wurde dieses Gefühl von Kontinuität immer spürbarer durch ein Gefühl des immanenten Wandels ersetzt.

Die ständige Erneuerung des sozialen Umfelds ist mit Sicherheit der bemerkenswerteste Aspekt des Einflusses, den der Markt auf die Gesellschaft hat, aber nicht sein wichtigster. Ein anderer bedeutender Aspekt dieser kaleidoskopischen Veränderlichkeit ist, daß sie eine Art von Regelmäßigkeit in sich birgt. Denn die Kräfte, die sie freisetzt, funktionieren zwar blind, aber nicht vom Zufall bestimmt. Ganz im Gegenteil, da gibt es Kontrollmechanismen, Rückkoppelungen und selbstauferlegte Beschränkungen, die in den Sturzbach von marktgetriebenem Wandel einfließen, und wenn wir auf die historischen Trends und Modelle von Produktion und Verteilung zurückblicken, dann können wir erkennen, daß die Funktionsweise einer kapitalistischen Wirtschaft systemische Muster, weitgezogene historische Entwicklungskurven und eine gewisse Regelmäßigkeit offenbart. Dies ist natürlich nur ein erster Blick auf einen Prozeß, den wir Fortschritt nennen.

Was sind das für Muster, Regelmäßigkeiten und Entwicklungskurven? Wo sind die Quellen jener Energie, jenes unbarmherzig allgegenwärtigen Drucks hin auf Veränderung zu finden, der zum Guten wie zum Schlechten der Beitrag des Kapitalismus zur Geschichte war? Darüber werden wir in den kommenden Kapiteln nachdenken. Dieses Kapitel muß ich thematisch so beenden, wie ich es begonnen habe – mit der Vorhersagbarkeit unserer Zukunft. Wie schon gesagt, die Zukunft jedes einzelnen kapitalistischen Systems ist von einem sehr hohen Grad an Unbestimmbarkeit gekennzeichnet. Und inzwischen haben wir auch gesehen, daß der Kapitalismus als Ganzes einzigartig hartnäckige und kraftvolle Wandlungstendenzen in sich birgt. Paradoxerweise ermöglicht uns gerade diese immanente Wandlungsfähigkeit, daß wir mit einer gewissen analytischen Genauigkeit, die wir bei keinem vorangegangenen Gesellschaftssystem erreichen könnten, über seine Zukunft sprechen können.

Daß uns dies möglich ist, leitet sich aus den verhaltenspsychologischen Mustern ab, die eine Marktwirtschaft ihren Mitgliedern auferlegt – ein Aspekt des Kapitalismus, dem wir wiederholt in den kommenden Kapiteln begegnen werden. Hier soll die Bemerkung genügen, daß diese Muster die Grundlage jener außergewöhnlichen Szenarien bildeten, mit denen die großen Ökonomen die historischen Entwicklungskurven des Kapitalismus beschrieben haben. Die einflußreichen Analysen von Adam Smith über Marx bis Keynes haben die allgemeine Tendenz der kapitalistischen Entwicklung angedeutet, wobei diesen Analysen jene Aktivitäten als Grundlage dienten, zu denen sich die Mitglieder einer Marktwirtschaft aus eigennützigen Motiven gedrängt fühlen. Zwar standen keinem dieser Analytiker Szenarien zur Verfügung, die ihm geholfen hätten, die Entwicklungskurven des Kapitalismus in ferner Zukunft vorauszusehen, aber jeder von ihnen vermittelte das Gefühl, daß die Gegenwart Teil eines Prozesses ist, dessen Wurzeln bis tief in die Vergangenheit reichen – vielleicht sogar bis in die menschliche Natur selbst –, und daß die Freilegung dieser Wurzeln zu Einsichten führen kann, die von großer Bedeutung für unsere Nachkommen sind. Der Kapitalismus führt uns also in eine Zukunft, die zwar voller Unvorhersagbarkeiten, aber dennoch bereits so angelegt und gestaltet ist, daß sie ganz und gar nicht mehr unvorhersehbar bleibt. Muß ich hier hinzufügen, daß diese Charakteristik unauflöslich mit jenem Fortschrittsglauben verbunden ist, der derzeit einer höchst unsicheren Neubewertung unterzogen wird?

3
Der Drang nach Kapital

I

Ich hoffe, es ist mittlerweile deutlich geworden, daß der Kapitalismus eine ungewöhnlichere Gesellschaftsordnung ist, als es uns, die wir wie Fische im Wasser in ihm leben, erscheinen mag. Das vorangegangene Kapitel war vor allem dazu gedacht, deutlich zu machen, wie grundlegend er sich von jenen Gesellschaftsformen unterscheidet, die von Tradition oder Gebot gelenkt werden. Jetzt ist es an der Zeit, unsere Aufmerksamkeit ausschließlich der Frage zuzuwenden, was der Kapitalismus eigentlich ist – und nicht, was er nicht ist; darüber hinaus wollen wir ergründen, auf welche Weise er die Geschichte und ihre Lehren verkörpert.

Wir haben bereits festgestellt, daß eines der verblüffendsten historischen Merkmale des Kapitalismus seine ungewöhnliche Neigung zum selbsterzeugten Wandel ist. Kapitalismus ist vor allem eines: eine Gesellschaftsordnung in konstantem Wandel – ein Wandel, der eine Richtung zu haben scheint, ein zugrundeliegendes Bewegungsprinzip, eine Logik. Wenn wir versuchen, die Unterschiede aufzuspüren, die in der westlichen Welt von 1700, 1800, 1900 und heute bestanden und bestehen, dann entdecken wir Entwicklungsschübe, die es uns ermöglichen, diesen Teil der Geschichte mit anderen Mitteln zu beurteilen, als wir sie wählen würden, wenn wir über die Geschichte der großen asiatischen Königreiche oder des römischen Kaiserreichs sprechen wollten. Mit einem Wort, die Schübe der kapitalistischen Geschichte transportieren den Begriff des immanenten Wandels – eine Vergangenheit, die unentrinnbar in die Gegenwart führte, und eine

Gegenwart, die einen weiteren Aufwärtstrend in die Zukunft verspricht. Und auf genau diesem großartigen Gefühl – mit eigenem Antrieb eine ansteigende Strecke bewältigen zu können – begründet sich die Kernidee des Fortschritts.

Das führt uns zum Thema des Fortschrittsgedankens. Ich habe bereits in der Einführung die Frage gestellt, ob dieser Gedanke noch lange überleben wird, nachdem die Rückschläge unserer Zeit ihn so zu bedrohen scheinen. Doch noch ist es nicht an der Zeit, den Wahrheitsgehalt dieser Möglichkeit tiefer zu beleuchten, aber es ist höchste Zeit, jene Energie genauer zu betrachten, die der Kapitalismus erzeugt wie eine Batterie Elektrizität. Jeder kennt die Quelle dieser einzigartigen gesellschaftlichen Spannung, jene Aktivität, die das Herz des Systems ist – der Drang, vorwärtszukommen, Geld zu machen, Kapital zu akkumulieren. Wir werden hier den letztgenannten Begriff verwenden, denn wie wir sehen werden, gibt es eine integrale Beziehung zwischen »dem Kapital« und jenem System, das sich auf diesen Namen begründet – eine Beziehung, die alltagssprachliche Begriffe wie »Vorwärtskommen« oder »Geld machen« nur verschleiern oder verbergen. Unser erster Tagesordnungspunkt ist entsprechend eindeutig: Wir müssen uns überlegen, was wir mit jenem Wort meinen, das nicht nur zum Namen, sondern zur Erkennungsmarke unserer Gesellschaft geworden ist.

Überraschenderweise ist Kapital nicht dasselbe wie Wohlstand. Wohlstand ist ein sehr alter Aspekt der menschlichen Zivilisation, aber niemals zuvor war der Drang, ihn zu mehren – den wir bis zu den ägyptischen Pharaonen zurückverfolgen können –, zur Triebkraft für kontinuierlichen und tiefgreifenden Wandel geworden. Ägypten hat, als Napoleon es im frühen 19. Jahrhundert erobert hat, nicht viel anders ausgesehen als dreitausend Jahre zuvor. Auch die Inka und Maya oder die Herrscher von Indien oder China haben zwar unermeßliche Reichtümer an Gold angehäuft und prächtige Paläste und Tempel gebaut, aber niemals in ihrer langen Geschichte hat es etwas gegeben, das auch nur annähernd an die Entwicklungslogik erinnern würde, die wir in den letzten dreihundert Jahren der westlichen Geschichte finden können. Der Grund dafür wurde bereits genannt: Wohlstand ist nicht Kapital.

Was ist Wohlstand? Wir können uns dieser Frage nähern, indem wir uns etwas noch Älteres als Goldschätze und prächtige Bauwerke betrachten. Ich habe erwähnt, daß Naturvölker in hohem Maße ein befriedigtes Leben genießen konnten, es sei denn, die Natur wandte sich gegen sie. Nun möchte ich hinzufügen, daß auch solche Gesellschaften Monumente erschaffen haben, die langwierige und mühsame Arbeit erforderten – Stonehenge, die berühmten Steinköpfe auf den Osterinseln, die Höhlengemälde in Lascaux oder die gewaltigen Totempfähle an der Nordwestküste von Nordamerika. Waren sie Ausdruck von Wohlstand? Ich glaube nicht. Ich würde solche Schöpfungen eher als Ausdruck von Tugend empfinden. Denn als solcher waren sie die Verkörperung des geistigen Lebens einer Gemeinschaft – Zeugen der Verehrung von uralten Überlieferungen, Angebote zur Versöhnung mit einer beseelten Natur.

Wohlstand ist kein Ausdruck von Tugend. Er ist ein Symbol von Macht und Prestige, die normalerweise jener Person zufallen, welche sie besitzt, und in geringerem Maße auch der Gesellschaft, in der sie erworben wurden. Gerade das Wort »besitzt« sagt etwas über den Wohlstand aus, das ihn vom Begriff der Tugend unterscheidet. Und zwar, daß Wohlstand untrennbar mit Ungleichheit verbunden ist. Diese Einsicht stammt aus einer überraschenden Quelle, nämlich vom ersten großen Philosophen des Kapitalismus, der geschrieben hat: »Wo immer großer Besitz besteht, herrscht große Ungleichheit«, und: »Der Überfluß der Reichen bedingt die Bedürftigkeit der Vielen.« Diese Sätze stammen von Adam Smith, nicht von Karl Marx.[12]

Die Frage der Ungleichheit verdient etwas mehr Aufmerksamkeit. Smith war sich bewußt, daß der Wunsch nach Reichtum einer Erklärung bedurfte, und er fand sie schließlich in zwei Privilegien, die der Wohlstand verschafft. Als erstes in der Wertschätzung, welche auf dem Status der Ungleichheit beruht. »Der Reiche rühmt sich seiner Reichtümer«, schrieb Smith, »denn er glaubt, sie würden ganz von selbst die Aufmerksamkeit der Welt auf ihn lenken. Bei diesem Gedanken schwillt ihm die Brust, und die so gewonnene Aufmerksamkeit läßt ihn noch versessener auf seinen Wohlstand sein als schon all die anderen Privilegien, zu welchen dieser ihm verhilft.«[13] Die zweite Erklärung basierte auf einer anderen Quelle jener Unterschiede, die mit dem Wohlstand einhergehen. »Reichtum«, schrieb Smith, Hobbes zitierend, »ist Macht.« Aber er fügte gleich hinzu, daß ein großes Vermögen nicht unbedingt auch politische Macht erwerbe, sei sie ziviler oder militärischer Art, obwohl dieses Vermögen durchaus ein Sprungbrett sein könnte, um beides zu erlangen. Die Macht, von der er sprach, war »eine gewisse Macht, kaufen zu können oder eine gewisse Verfügung über alle Arbeit oder alle Produktionsgüter aus Arbeit [zu haben], die zu dieser Zeit auf dem Markt sind.«[14]

Das Prinzip der Ungleichheit offenbart sich hier in dem Begriff »Verfügung«. Smith ging es nicht einfach nur darum, daß Wohlstand zwei Individuen, die in vergleichbaren Verhältnissen leben, erlaubt, ihre Waren und Dienstleistungen auf gleichermaßen zufriedenstellender Basis auszutauschen und dabei der Einfachheit halber als zweckdienlichste Form für die Transaktion Geld zu benützen. Er meinte, daß ein Individuum aus weniger wohlhabenden Verhältnissen nur aufgrund von Geldmangel und schlechteren Lebensumständen dazu gezwungen sein könnte, eine unvorteilhafte Marktbeziehung mit einer Person aus wohlhabenderen Verhältnissen einzugehen. Die Behauptung, daß Reiche in der Lage sind, einen unverhältnismäßig großen Anteil der gesellschaftlichen Güter für sich zu beanspruchen, kann wohl kaum überraschen. Ein sehr viel unvertrauterer Gedanke aber ist, daß gerade das Konzept von Wohlstand eine solche Ungleichheit impliziert und daß sich eine Gesellschaft aus ebenbürtig Wohlhabenden zwar die Köstlichkeiten von arabischen Nächten leisten könnte, aber notwendigerweise eine Gesellschaft wäre, in der es keinerlei Wirtschaftsmacht gäbe.

Das führt uns zu einem Aspekt der Eigentumsform, der für den Kapitalismus besondere Bedeutung hat. Es geht um die Ungleichheit zwischen dem Eigentümer von Produktionsmitteln und jenem, der mit diesen Mitteln arbeitet – also zwischen Kapitalist und »seinem« Arbeiter. Wenn wir nochmals kurz auf die Gesellschaft in der Kalahari zurückblicken, so werden wir zweifellos auch dort zwischen den verschiedenen Mitgliedern der Gemeinschaft einen gewissen Grad von Ungleichheit beim Besitz von persönlichen Dingen oder Waffen entdecken. Doch die Vorstellung, daß ein reicher Buschmann alle Waffen des Stammes besitzen könnte, so daß Gai sich seinen Pfeil und Bogen leihen müßte, um seine Familie ernähren zu können, oder daß er sogar ein »Angestellter« des reichen Buschmanns werden müßte, um sich ernähren zu können – diese Vorstellung wäre für das Volk in der Kalahari ebenso undenkbar, wie es in unserer Gesellschaft undenkbar wäre, einfach in eine Fabrik hineinzumarschieren und die Geräte, die dort zur Verfügung stehen, zum eigenen Zweck zu nutzen. Das Recht, den Zugang zu Produktionsmitteln zu verweigern, ist das wichtigste Privileg des Reichtums im Kapitalismus. Einem Individuum, das kein Kapital besitzt, steht es völlig frei, jede gewünschte Art von Arbeit zu wählen, und man kann sogar höchst erfolgreich ausschließlich den Besitz des eigenen Körpers dafür einsetzen – wie zum Beispiel Schauspieler oder Sänger. Aber jeder, dem ein solches persönliches Talent nicht zur Verfügung steht, muß für das Privileg bezahlen, den Reichtum, der einem anderen gehört, benutzen zu dürfen. Diese Tatsache stellt die Institution der »Lohnarbeit«, also die Form, in der individuelle Arbeit im Kapitalismus organisiert und honoriert wird, in ein ungewöhnliches Licht.

2

Ist Kapital Wohlstand? Ja und nein. Kapital ist insofern ganz sicher Wohlstand, als jemand, der Kapital besitzt, normalerweise eine Person ist, die Achtung genießt und Macht auf dem Markt ausübt. Die Frage muß also lauten, ob Wohlstand Kapital ist. Die verwirrende Antwort lautet: Manchmal ja, manchmal nein.

Der Unterschied liegt in der spezifischen Natur des Kapitals. Kapital ist Wohlstand, dessen Wert nicht seinen stofflichen Eigenschaften innewohnt, sondern durch seinen Einsatz als Mittel zur Vermehrung von Kapital entsteht. Charakteristischerweise findet dies statt, indem Geld zu Ware wie zum Beispiel Rohmaterialien umgewandelt wird, Rohmaterialien dann zu fertig produzierten Waren und diese Waren auf dem Markt verkauft werden – dabei beläßt man es nicht bei einem einmaligen Profit, um sich dann etwa zu einem vergnüglichen Leben zurückzuziehen, sondern kauft erneut Rohmaterialien und beginnt den ganzen Prozeß von vorne. Konsequenz dieses endlosen Kreislaufs ist, daß die stofflichen Eigenschaften von Waren nicht das geringste mit ihrer Funktion als Mittel zum Wohlstand zu tun haben: Ein Kapitalist kann mit Kohle reich werden oder mit Schrott – mit dem wohl niemand die Vorstellung von Reichtum verbinden würde. Aus dem gleichen Grund wird ein Gemälde von Rembrandt, dessen Besitz nun gewiß ein Ausdruck von Wohlstand ist, erst dann zu Kapital, wenn es nicht mehr seiner selbst wegen erworben wird, sondern als Mittel zur Anhäufung weiteren Kapitals. Dann wird der Besitzer des Rembrandtbildes zum Kunsthändler. Also unterscheidet sich Kapital durch seinen ureigenen dynamischen Charakter von Wohlstand: Seine Form wird von Ware zu Geld und wieder zurück zur Ware verändert, und diese endlose Metamorphose läßt bereits deutlich die gesamte Beziehungsstruktur des Kapitals zur wechselvollen Natur des Kapitalismus selbst erkennen.

Was treibt diesen Prozeß an, diese »dem Kapital eigentümliche Expansionskraft«, wie Marx es nannte? Bei dieser Frage im Brennpunkt unserer Analyse scheint wenig Einvernehmen zu bestehen. Ökonomen sagen, daß dieser endlose Expansionsprozeß der Beweis für den Drang zur »Nutzenmaximierung« sei – eine Ansicht, zu der ich mich bereits im vorangegangenen Kapitel skeptisch geäußert habe. Mir scheint das vage Motiv, Befriedigungen »maximieren« zu wollen, kaum jenen unersättlichen Drang erklären zu können, zu dem beispielsweise Marx einfiel: »Akkumuliert, Akkumuliert! Das ist Moses und die Propheten!«[15] Irgendwo dazwischen ist Adam Smiths Äußerung angesiedelt, daß wir Werkzeuge der »Begierde« nach augenblicklichem Genuß seien und daß uns das Verlangen, »die Lebensbedingungen zu verbessern ... ein ganzes Leben lang begleitet, von der Geburt bis zum Tode« – wobei das verbreitetste Objekt dieser Begierde die »Vergrößerung des Vermögens« sei, mit anderen Worten also, Geld zu machen.[16]

Meiner Meinung nach manifestiert sich in diesem unersättlichen Appetit nach Mehrung des Kapitals eher jener Drang, der die Imperien früherer Gesellschaften zu unbegrenzter Expansion antrieb oder in der Vergötterung von Königen seinen Ausdruck fand. Eine schiere Nutzenmaximierung und die eher vage »Verbesserung der Lebensbedingungen« durch Geldmachen werden erst dann als drängendes Motiv verständlich, wenn man den Drang zur Mehrung von Wohlstand mit den unbewußten Motiven verkettet, die sich aus infantilen Omnipotenzphantasien herleiten. Wir werden gleich darauf zu sprechen kommen, weshalb diese Phantasien in unserer Gesellschaft ausgerechnet durch die Expansion von Kapital Gestalt annehmen.

Aber es gibt noch eine andere Phantasie, die diese Omnipotenzphantasie verstärken kann: Der Drang jedes Kapitalisten, sein Betätigungsfeld auszudehnen, führt bald schon zu einer Kollision von Kapitalist gegen Kapitalist, die wir Konkurrenz nennen. »Je ein Kapitalist schlägt viele tot«,[17] schrieb

Marx. Also ist der Drang nach Expansion immer auch von einem Gran Kampfesgeist – teils aggressiv, teils defensiv – begleitet. Aus diesem Blickwinkel betrachtet, erscheint der Kapitalismus nicht nur als eine Gesellschaftsordnung, die durch konstanten Wandel gekennzeichnet ist, sondern zudem als eine, in der das Streben nach Wohlstand denselben unbewußten Zweck erfüllen kann wie zu früheren Zeiten das Streben nach militärischem Ruhm und persönlicher Ehre.

3

Solche Überlegungen zwingen einer Studie über den Kapitalismus jene insistierenden und verstörenden Fragen auf, die aus unserer gegenwärtigen historischen Situation resultieren. Eine dieser Fragen wurde bereits erwähnt: Welche Rolle spielt die menschliche Natur als treibende Kraft hinter den Geschehnissen? Wir hören oft, daß Profitmotivation in der menschlichen Natur verankert sei, also sollte man annehmen, daß Akkumulation von Kapital in allen Gesellschaften anzutreffen wäre, eben auch in solchen, die unter der Ägide von Tradition und Gebot stehen. Doch bevor der Kapitalismus im 18. Jahrhundert die Bühne betrat, war wenig davon zu finden. Den Grund dafür kennen wir bereits. Wohlstand ist nicht dasselbe wie Kapital. Julius Caesar wurde das Gouverneursamt von Spanien übertragen, wo sich riesige Bergwerke befanden. Nach wenigen Jahren kehrte er als wohlhabender Mann, nicht aber als Kapitalist zurück. Damit es möglich war, daß Kapital als ein treibender, transformierender Gesellschaftsprozeß auftreten konnte, bedurfte es mehr als der Bereicherung erfolgreicher Generäle. Zuerst einmal mußte ökonomisches Leben – das Aristoteles »würdelos und der Vollkommenheit des Charakters abträglich« nannte – seiner Geringschätzung enthoben werden und an Ansehen gewinnen. Als Teil dieses Prozesses mußte eine halbwegs unabhängige »Ökonomie« der staatlichen Umklammerung vollständig entwunden werden. Und es mußte ein Netzwerk von Transaktionen geknüpft werden, damit schließlich das gesamte gesellschaftliche Leben ineinander verflochten war. Doch ein kapitalistisches Gesellschaftssystem konnte erst dann Fuß fassen, als die grundlegenden Produktionsaktivitäten für den Transformationskreislauf von Geld zu Waren und Waren zurück zu Geld etabliert waren. Erst dann konnte die Akkumulation von Kapital jene Machtphantasien auf sich ziehen, die bis dahin den Heldentaten von Ruhm und Abenteuer gewidmet waren. Also scheinen »Maximierung«, »Verbesserung von Lebensbedingungen«, schiere Aggressivität oder Gewinnsucht – welch starke Beweggründe der menschlichen Natur sie auch immer sein mögen – eine eher passive als aktive Rolle beim Aufstieg des Kapitalismus gespielt zu haben. Kein Zweifel, der Drang nach Akkumulation hätte sich nicht derart tief und weitreichend im menschlichen Verhalten manifestieren können, wenn er sich nicht so gut mit den Primärbedürfnissen und dem Appetit des Menschen gedeckt hätte. Aber es besteht auch kein Zweifel daran, daß diese Bedürfnisse und dieser Appetit alleine nicht ausgereicht haben, um ohne den Einfluß von bedeutenden objektiven Ereignissen ein kapitalistisches System zu begründen.

Für den Kapitalismus war ein solches bedeutendes objektives Geschichtsereignis der Untergang des Römischen Reichs – ein katastrophaler »Vorfall«, der sich über vier Jahrhunderte hinzog. Der Untergang von Rom war nicht nur deshalb so entscheidend, weil die gesellschaftliche Hierarchie des Reiches in jeder Beziehung unvereinbar mit einem kapitalistischen System war, sondern vor allem deshalb, weil die Ruinen des Reiches einen außergewöhnlichen Ausgangspunkt für die Entwicklung eines solchen Systems boten, wie sie dann schließlich während jener tausendjährigen Periode stattfand, die wir Feudalismus nennen – sehr langsam, schmerzhaft und ohne

Bewußtsein dafür, daß hier eine historische Mission erfüllt wurde. Daß sich der Kapitalismus, wie so oft geschrieben wurde, nur ein einziges Mal in der Weltgeschichte spontan ergeben hat, ist sehr wahrscheinlich der Tatsache zu verdanken, daß dieser gesellschaftliche Ausgangspunkt niemals und nirgendwo sonst gegeben war.

Wir können hier nur den deutlichsten Spuren der Geschichte jenes tausendjährigen Geburtsvorgangs folgen. Das Verschwinden des Reichs ließ Europa ohne vereinigende Rechtsstruktur, Währung und Regierung zurück, zerfallen in ein verrücktes Gewirr aus isolierten und auf sich selbst gestellten Städten, Rittergütern und unbedeutenden Lehngütern – eine Katastrophe wie der Zusammenbruch der Sowjetunion, nur hundertfach vergrößert. Aber gerade diese Fragmentation der Feudalherrschaft ebnete den Weg für die kommende Transformation. Im 9. Jahrhundert – vierhundert Jahre nachdem der »Untergang« begonnen hatte – schlugen sich die letzten Händler der alten römischen Werkstätten mit Kolonnen von Maultieren von einem Lehngut zum anderen durch, begleitet von bewaffneter Gefolgschaft, die die Angriffe der Raubritter abwehren sollte. Schritt für Schritt drangen diese wagemutigen Händler in die Gemeinwesen der Lehngüter und vor allem der Städte ein, so daß ihre Nachkommen im 14. Jahrhundert – wir befinden uns nun beinahe eintausend Jahre später in der Geschichte des Mittelalters – zu politischen Kräften geworden waren, die die »Stadtfeste« des urbanen Lebens ausbauten. Dabei spielten sie eine Rolle, die für die Entwicklung der Feudalgesellschaft sowohl unerläßlich war, als auch letztlich subversiv auf sie einwirkte: Unerläßlich, weil die Feudalherrscher ständig gezwungen waren, Anleihen bei den Bewohnern ihrer Städte zu machen, von denen einige mittlerweile sehr reich geworden waren; subversiv, weil die Art des kommerziellen Lebens, das die Geldgeber verkörperten, letzten Endes mit feudaler Vorherrschaft unvereinbar war. Ende des 17. Jahrhunderts war eine (urbane) bürgerliche Klasse bereits zur politischen Macht in England geworden,

Ende des 18. Jahrhunderts war diese Klasse der wahre Gebieter Frankreichs, und Ende des 19. Jahrhunderts war sie zur vorherrschenden politischen Kraft in der ganzen Welt herangewachsen.

Mit der aufstrebenden Macht des Bürgertums wurden auch die charakteristischen Züge jener neuen Gesellschaft sichtbar, deren vielleicht deutlichstes Merkmal die neuen, am Geld orientierten Werte waren. Doch bei weitem am wichtigsten war die Tatsache, daß sich eine neue Form des ökonomischen Lebens ausbreitete. Auf dem Lande wurde die Institution der Leibeigenschaft – jeder Leibeigene mußte einen Teil seines Ernteertrags an seinen Herrn abgeben und konnte den Rest behalten – von einer völlig neuen ersetzt: Ein kapitalistischer Landwirt zahlte seinen Landarbeitern Lohn, behielt jedoch alles, was sie produzierten, in seinem Besitz. In der Stadt wurde die Beziehung zwischen Meister und Gesellen, die unter der strikten Kontrolle von Gildengesetzen gestanden hatte, zur Beziehung zwischen Arbeitgeber und Arbeiter, die keinen anderen Regeln unterlag als jenen des Arbeitsmarktes. In den Großstädten rückte das Geldmachen von der beargwöhnten Peripherie des Lebens in dessen geachteten Mittelpunkt.

Dementsprechend verschwanden, nicht ohne Blutvergießen, die Institutionen des Feudalismus und machten einem System Platz, das Adam Smith das »System der natürlichen Freiheit« nannte. Dieser Begriff bezog sich auf die wirtschaftliche, nicht auf die politische Freiheit, und an unseren Normen gemessen, war dieser Grad an Freiheit bei weitem nicht vollkommen. Dennoch konnten sich Arbeiter in einem System der natürlichen Freiheit frei von einer Stadt oder Stellung zur nächsten begeben, was sie als Leibeigene oder Gesellen nicht konnten; und Kapitalisten konnten ihre Preise herauf- oder heruntersetzen, wie es ihnen beliebte, was sie als Gildenmitglieder nicht konnten. Entsprechend begannen sich die Institutionen des Kapitalismus zu formen, obwohl dessen Name noch unbekannt war. Als Begriff für die Welt, in der wir leben, tauchte das Wort »Kapitalismus« irgendwann Mitte des 19. Jahrhunderts in der englischen Sprache auf, vermutlich – ausgerechnet – in Thackerays Werken. Seither ist er uns geblieben, obwohl so mancher wegen seiner wechselvollen Vergangenheit und seiner problematischen Zukunft die optimistischere Konnotation des Begriffes »freie Privatwirtschaft« vorzieht.

4

Die Etablierung von Kapitalakkumulation als treibender Kraft des neuen Gesellschaftssystems macht deutlich, weshalb der Kapitalismus das materielle und gesellschaftliche Leben in einer Weise revolutionierte, wie es Königreiche – trotz all ihrer Pyramiden, Goldschätze oder phantastischen Paläste – nicht zuwege gebracht haben. Der Grund dafür ist, daß der Drang nach Kapital von der Basis und nicht von den Spitzen einer Gesellschaft umgesetzt wird. Die ständige Konversion von Waren zu Geld findet äußerst rasch im breiten Spektrum der Produktion statt, wo sie als gewaltige Kraft zur Mehrung der Quantität und Veränderung der Qualität von Produktionsgütern wirkt. Die Anhäufung von Reichtümern in Form von Monumenten oder Schätzen hat keinen derartigen Effekt.

Für Adam Smith war die Produktionsexpansion das Hauptmerkmal eines Systems der natürlichen Freiheit. Expansion entsteht, so Smith, weil ein Kapitalist zu jenem Mittel greift, das ihm am unmittelbarsten zur Verfügung steht, um seine Position zu verbessern: Er hält einen Teil seines Profits zurück und investiert ihn in zusätzliche Ausrüstung, um somit die potentielle Produktion seines Unternehmens und damit auch sein zukünftiges Einkommen zu steigern. Im berühmten ersten Kapitel zum *Wohlstand der Nationen* beschreibt Smith, wie dieser Prozeß in einer kleinen Stecknadel-»Manufaktur«

mit nur zehn Angestellten abläuft. Durch den Zerfall des Herstellungsprozesses in getrennte Arbeitsgänge, die jeweils von einer anderen Person vollzogen und häufig von einer Maschine unterstützt wurden, waren zehn Arbeiter in der Lage, täglich etwa achtundvierzigtausend Stecknadeln herzustellen: »Hätten sie indes alle einzeln und unabhängig voneinander gearbeitet«, schreibt Smith, »... so hätte der einzelne gewiß nicht einmal zwanzig, vielleicht sogar keine einzige Nadel am Tag zustande gebracht.«[18]

Der Akkumulationsprozeß übt also einen direkten Einfluß auf das soziale Umfeld aus, indem er die Arbeitsproduktivität vervielfacht. Für Smith bestand der eigentliche Fortschritt in der Förderung der »Geschicklichkeit« des Arbeiters und in der Ersparnis von Zeit, die zuvor zwischen der Erfüllung verschiedener Aufgaben »vergeudet« worden war, sowie in den »getrennten Arbeitsgängen«, die eine schnellere Mechanisierung ermöglichten. All dies zusammen führte zu einer Vermehrung der Produktionsgüter – in Smiths Gesellschaft die wesentliche Errungenschaft. Weniger bekannt ist, daß Smith davon ausging, dieser Wachstumsprozeß würde zum Stop kommen, sobald die Gesellschaft das nötige Kapital angehäuft habe. Hinter dieser Erlösungsvision steht die Annahme, daß sich die Produktion erhöht, das Produkt jedoch gleich bleibt. Bezeichnend für Smiths geringes Interesse an technologischem und organisatorischem Wandel ist, daß er kaum Vertrauen in die Verwaltungsmöglichkeiten von »Aktiengesellschaften« setzte, die gerade am Horizont auftauchten.[19]

In der Vision, die diese dann zum Großteil ersetzt hat – verbunden mit dem Werk von Joseph Schumpeter in den dreißiger Jahren –, stellt der Nachkomme von Smiths Fabrikant bald fest, daß der Markt für Stecknadeln gesättigt ist, dafür entdeckt er ein anderes Mittel zur Expansion seines Kapitals: Er verändert sein Produkt, indem er beispielsweise Nadeln mit bunten Köpfen herstellt. Später dann ergreift sein Sohn die Chance mit einer neuen Erfindung, Sicherheitsnadel genannt; sein Enkel geht zur Produktion von Heftklammern über; und dessen Nachkommen stürzen sich auf Reißverschlüsse und Druckknöpfe. Während sich meine Darstellung auf die viktorianische Vorstellung vom Familienkapitalismus beschränkt, war Schumpeter der Ansicht, daß es die gigantischen Konzerne seien, die das mächtigste Mittel zur Akkumulation von Kapital in Händen hielten – und zwar, indem sie einen Prozeß und dessen Produkt durch andere ersetzen. Diesen Vorgang nannte er »schöpferische Zerstörung«, und bislang ist dies auch das wirksamste Mittel in allen modernen kapitalistischen Wirtschaftssystemen geblieben.

Ob nun durch Smiths Stecknadelmanufaktur oder durch Schumpeters innovative Unternehmen – Akkumulation verändert die Gesellschaft ganz allgemein auf zwei Weisen, wobei die erste ohne Zweifel auch die entscheidendere ist, nämlich die Verbesserung des Lebensstandards in jenen Ländern, in denen die komplexe Struktur des Kapitalismus erfolgreich Fuß fassen konnte. Eine Berechnung des Demographen Paul Bairoch verdeutlicht diesen Punkt. Er vergleicht (in gleichem Dollarkurs), wie sich das Bruttosozialprodukt beim Pro-Kopf-Einkommen zwischen den »derzeit entwickelten« und den »derzeit weniger entwickelten« Ländern (das heißt also, zwischen der kapitalistischen und der nicht-kapitalistischen Welt) in den fünfziger Jahren des 18. Jahrhunderts und den achtziger Jahren des 20. Jahrhunderts verändert hat.[20] Betrachten wir den Leistungsvergleich dieser beiden Ländergruppen, dann sehen wir, daß der durchschnittliche Lebensstandard um 1750 sehr ähnlich war – was an sich erstaunlich ist –, daß aber der Durchschnittsbürger in der kapitalistischen Welt während der nächsten 230 Jahre um das Achtfache reicher wurde als sein Gegenpart in der nicht-kapitalistischen Welt.

Man muß diese Zahlen natürlich mit Vorsicht betrachten. Ein Grund für diesen außergewöhnlichen Leistungsunterschied ist nämlich auch die rapide Stabilisierung der Bevölkerungszahlen in den Industriestaaten, verglichen mit unaufhaltsam anwachsenden Zahlen in der Dritten Welt. Sowohl Bevölkerungsstabilisierung wie -explosion können indirekte

Effekte des Kapitalismus sein – erstere als Ausdruck der sich immer weiter verbreitenden Mittelklassekultur, letztere als Nachweis der Auswirkungen einer modernen Gesundheitsfürsorge, die in Länder ohne Geburtenkontrolle eingeführt wurde. Ein Teil dieser Einkommensunterschiede ist also zweifellos eher das Resultat von den Begleiterscheinungen des Kapitalismus als von seinen eigenen überdurchschnittlich produktiven Leistungen. Ein noch wichtigerer Grund dafür war, daß der unterentwickelten Peripherie immer mehr Wohlstand entzogen wurde und sich in den entwickelten Zentren immer mehr anhäufte – eine kapitalistische Version der sehr viel älteren imperialistischen Ausbeutung des Schwachen durch den Starken. Die Vertiefung des Grabens zwischen reichen und armen Staaten ist also mit Sicherheit nicht nur Folge der überdurchschnittlichen Leistung der kapitalistischen Welt, sondern ebenso Ausdruck ihrer ausbeuterischen Kräfte.

Man muß die Botschaft, die Bairochs Zahlen vermitteln, also durchaus modifizieren. Natürlich ist unstrittig, welche Schlußfolgerung sich aus ihnen ziehen läßt: Der Kapitalismus hat den Gang der Geschichte vor allem dadurch verändert, daß er ein vollkommen neues sozioökonomisches Umfeld geschaffen hat, in dem sich die materiellen Bedingungen zum erstenmal stetig verbessert haben, vor allem nachweislich in jenen Gebieten, in denen das System florierte. Ich möchte noch einmal betonen: Wenn wir auf 150 Jahre Wachstum in den Vereinigten Staaten zurückblicken, dann stellen wir fest, daß das Pro-Kopf-Einkommen bis Mitte der achtziger Jahre durchschnittlich um 1,5 Prozent pro Jahr angewachsen ist. Vielleicht klingt das erst dann wirklich eindrucksvoll, wenn wir außerdem feststellen, daß dies ausgereicht hat, um den realen Lebensstandard alle siebenundvierzig Jahre zu verdoppeln. Mit Ausnahme der ersten Depressionsjahre ab 1869 und der schrecklichen frühen dreißiger Jahre stiegen darüber hinaus auch die ökonomischen Aktivitäten von 1839 bis 1985 pro Jahr geradlinig um 10 Prozent an.[21] In jüngerer Vergangenheit konnten wir den gleichen Transformationsprozeß in Europa beobachten, und vor noch kürzerer Zeit sowohl in Japan als auch im Pazifischen Becken, in Taiwan, Südkorea, Hongkong, vielleicht auch in Singapur und Malaysia.

5

Inmitten eines ernstzunehmenden Wirtschaftsverfalls, dessen Beginn bereits während der letzten Jahre der langen Wachstumsperiode festgestellt werden konnte, ist es schwierig zu behaupten, daß der Kapitalismus ein Gesellschaftssystem sei, dessen wesentliche Errungenschaft die Verbesserung des materiellen Lebens ist. Doch gerade die Verlangsamung des Wachstumsprozesses verdeutlicht die Bedeutung der jahrhundertelangen Expansion, und sie bietet uns – indem sie auf einen Gedanken zurückführt, dessen Wichtigkeit um so größer ist, als seine Wirkung zu schwinden scheint – eine Grundlage für die Einschätzung der Zukunftsaussichten des Kapitalismus. Ich spreche erneut vom Fortschrittsgedanken – von einer Idee, die den Gesellschaftssystemen, welche dem Kapitalismus vorangegangen sind, völlig fremd war und die durch das ständige Infragestellen, ob Kapitalakkumulation auch weiterhin möglich bleiben wird, sehr gefährdet sein könnte.

Die Verkettung von Akkumulation und materiellem Fortschritt ist nicht leicht zu erkennen. Der Leser des *Kommunistischen Manifests* ist immer wieder überrascht, wie sehr der Akkumulationsprozeß darin gepriesen wird und daß dieser Prozeß – wie alles bei Marx – dialektisch, zweiseitig und widersprüchlich ist. Von Anbeginn an war die Begründung von materiellem Wohlstand, der mit der erfolgreichen Entwicklung des Kapitalismus einherging, von einer neuen Art sozialer Not begleitet – dabei ging es nicht um so altertümliche Plagen wie verdorbene Ernten, Invasionen von Plünderern oder schlicht Ungerechtigkeiten, sondern um einen »ökonomischen« Nebeneffekt, der in keiner früheren Gesellschaft vorgekommen war: die Tendenz des Wachstumsprozesses, als Teil des Akkumulationsprozesses gleichzeitig Wohlstand wie Not hervorzubringen.

Diese neue Art von Not tauchte erstmals im Elisabethanischen England in der Form von »Landeinfriedungen« auf. »Einfriedung« bedeutete, daß landwirtschaftliche Fläche, die traditionell armen Bauern als »Gemeindeland« zur Verfügung gestanden hatte, auf dem sie ihre Hütten errichten und etwas Gemüse anbauen konnten, nunmehr von ihren rechtlichen Besitzern – mehrheitlich dem Landadel – zur ausschließlichen Nutzung als Weideland für Schafe eingefordert wurde. Diese Einfriedungen wurden vom Parlament genehmigt und führten zu geringen Ausgleichszahlungen an jene Bauern, die enteignet worden waren. Aber sie forderten einen schrecklichen Preis. Nach einer Reise durch ihr Reich berichtete Königin Elisabeth von »Bettlern überall«; hundertfünfzig Jahre später waren die »herumzigeunernden Armen«, wie die entwurzelten Bauern damals genannt wurden, noch immer ein nationaler Skandal. Grund für diese gewaltige und lang andauernde Not war, daß die Einführung eines kapitalistischen Prozesses mit einer mehrheitlich noch immer feudalistischen Gesellschaft nicht in Einklang zu bringen war. Die Einfriedungen fanden statt, weil der Verkauf von Wolle zu einem profitablen Geschäft geworden war. Der Wollhandel war zweifellos einer der Wachstumszweige im England des späten 17. Jahrhunderts – es ist ja nicht ohne Grund, daß der Präsident des Unterhauses noch heute auf einem Wollsack sitzt. So kann man also sagen, daß »ökonomische« Überlegungen sowohl den Pulsschlag der Produktion beschleunigten, als auch den Ausschlag für Zerstörung und Verelendung gaben.

Ein Jahrhundert später trat dieser zweischneidige Prozeß in anderer Gestalt erneut auf. Inzwischen hatten sich die Handlungszentren der Akkumulation in jene Manufakturen verlagert, die Smith beschrieb. Die Produktionsgüter dieser

sprießenden Unternehmen kamen zweifellos jenen Mittel-
klassekonsumenten zugute, die sie erwarben, und der Profit,
den sie erbrachten, war eindeutig zum Vorteil ihrer Besitzer.
Nicht so eindeutig hingegen ist, ob auch die Arbeiter irgend-
einen Nutzen daraus hatten. Ihre Löhne waren niedrig, aber
das war überall der Fall und kein Übel, das speziell vom
Kapitalismus eingeführt wurde. Smith selbst nannte die Auswirkungen der sich ständig wiederholenden, geistlosen Aufgaben, zu der die getrennten Arbeitsgänge führten, das eigentliche Übel. »Jemand, der tagtäglich nur wenige einfache
Handgriffe ausführt«, klagt Smith, »... hat keinerlei Gelegenheit, seinen Verstand zu üben ... und [wird] so stumpfsinnig
und einfältig werden, wie ein menschliches Wesen nur eben
werden kann.«[22]

Im frühen 19. Jahrhundert wurden die noch immer kleinen
Manufakturen von jenen dunklen, höllischen Fabriken weit
in den Schatten gestellt, in denen Frauen und Kinder unter
brutalsten Bedingungen für weniger als einen Hungerlohn arbeiten mußten. Diese Unterwelt des in den Romanen von
Charles Dickens dargestellten England ist wohlbekannt, wenn
auch weniger häufig darüber berichtet wurde, daß dieselben
Fabriken, die das Entsetzen der sensibleren zeitgenössischen
Beobachter auf den Plan riefen, nicht nur Akkumulations-
zentren in großem Stil waren, sondern auch erste Ausgangs-
basen für die Ausbreitung nach Übersee. Friedrich Engels er-
wähnte gegenüber einem Begleiter, daß er niemals zuvor eine
derart elende Stadt wie Manchester, mit all ihren schrecklichen Slums, gesehen habe. Der Begleiter hörte schweigend
zu, dann sagte er: »Und doch wird hier eine Menge Geld gemacht; guten Tag, mein Herr.«[23]

Wir werden später auf die Frage der Nebeneffekte von Akkumulation zurückkommen – man braucht nur das Problem
der Umweltzerstörung durch industrielle Prozesse zu erwäh-
nen, um zu verdeutlichen, daß der negative Aspekt der Kapitalakkumulation keineswegs nur eine Angelegenheit der vergangenen Geschichte ist. Bei dieser einführenden Betrachtung

des Drangs nach Kapital möchte ich noch eine andere Möglichkeit vorstellen, wie Akkumulation ihre zweischneidige Macht enthüllen kann. Hier geht es darum, den Drang nach Kapital mit der ständigen Tendenz der Ökonomie zu verknüpfen, ihre Antriebskraft zu verlieren oder sogar den Rückwärtsgang einzulegen.

Es wurde bereits erwähnt, daß Smith ziemlich naiv davon ausging, ein System der natürlichen Freiheit würde untergehen, sobald alle Manufakturen aufgebaut wären, für die Bedarf bestand. Nach dem Zeitalter von Smith begann sich das Interesse von dieser großen Vision des Aufstiegs und Falls abzuwenden und sich der Frage zuzuwenden, ob eine kommerzielle Gesellschaft die Tendenz habe, von Zeit zu Zeit einen »allgemeinen Überfluß« zu produzieren. Daraus entwickelte sich schließlich das Konzept von »Wirtschaftszyklen« – jene selbsterzeugten Tendenzen, zwischen Expansions- und Kontraktionsperioden hin- und herzuschwingen, für deren Ursachen man die verschiedensten Gründe fand: sich wiederholende Kreditengpässe, Überhänge und Fehlanpassungen bei Angebot und Nachfrage, Schwankungen von Optimismus zu Pessimismus. Während der zwanziger und dreißiger Jahre herrschte eine Zeitlang reges Interesse – vermutlich geweckt durch die Vorboten der unerklärlichen Großen Depression – an der Möglichkeit von »langen Wellen«, die einen bestimmenden Rhythmus von fünfzig Jahren aufzwangen, in welchem Erschöpfung auf Expansion folgt. Doch für die Existenz dieser Wellen wurde niemals eine wirklich überzeugende Erklärung gefunden.

In unserer Zeit wurde die Aufmerksamkeit im wesentlichen auf die Erklärung des Wachstumsprozesses selbst gerichtet. Ich erinnere mich an einen Tag während meiner Collegezeit in den dreißiger Jahren, als Alvin Hansen – John Maynard Keynes' erster Apostel in den Vereinigten Staaten – interessiert eine aufwärtsstrebende, wellenförmige Linie auf der Tafel betrachtete, die die Abfolge von Wirtschaftszyklen im Laufe der Zeit darstellen sollte. Er stellte fest, daß der tiefste

Punkt einer Depression oft höher lag als die Spitze eines Booms zwei oder drei Zyklen zuvor. Zufällig stieß Hansen so auf den Gedanken, daß die Veränderungen der Wachstumsrate, und nicht die ihrer zyklischen Muster, das grundlegende Problem der Instabilität eines Systems sind.

In den letzten Jahren wurden zwei interessante Hypothesen aufgestellt, um die Irregularität dieser Langzeitkurve zu erklären: Zum einen glaubte man, daß sie durch allgemeine Veränderungen in der »gesellschaftlichen Struktur der Akkumulation« entstehe, welche die relativen Kräfte von Arbeit und Kapital bestimmt. Diese gesellschaftliche Struktur beginnt beim Verhältnis zwischen Gewerkschaft und Management, dehnt sich auf die Interaktionen von Wirtschaft und Regierung aus und dringt schließlich in die weiten Bereiche der öffentlichen Meinung ein – all diese Faktoren bestimmen das Kräfteverhältnis zwischen Arbeit und Kapital und beeinflussen daher das Lohngefüge, das eine Schlüsselvariable bei der Bestimmung der Investitionsrate ist.[24] Die zweite Hypothese betont das irreguläre Auftreten von »transformationellen« technologischen oder institutionellen Durchbrüchen, die unendliche Investitionsmöglichkeiten eröffnen, wie es die Perioden des Eisenbahnbaus und der Automobilisierung gezeigt haben.[25] Beide Erklärungen für die Veränderlichkeit der Wirtschaftswachstumsrate können aber auch auf die wechselnden Konfigurationen bei den Erscheinungsformen des Kapitalismus – vom merkantilen bis zum industriellen System – wie mittlerweile auf die postindustrielle und multinationale Grundstruktur angewandt werden.

Werfen diese Hypothesen Licht darauf, wie Akkumulation in Zukunft aussehen wird? Natürlich, denn sie mahnen uns zur Wachsamkeit hinsichtlich des Gleichgewichts von politischer Macht und den transformatorischen Effekten von Technologie, welche die Schlüsselfaktoren bei der Bestimmung von Wirtschaftswachstumsraten sind. Unglücklicherweise erhöht diese Wachsamkeit nicht unsere Fähigkeit, die Zukunft mit einiger Gewißheit voraussehen zu können. Es ist möglich

– oder besser vielleicht: es ist nicht unmöglich –, daß die kommenden Jahrzehnte eine Reihe gewaltiger technologischer Stimuli der Art hervorbringen werden, wie sie uns während der vergangenen zwei Jahrhunderte mit unregelmäßiger Regelmäßigkeit nach vorne getrieben haben, zuletzt während des Booms der vergangenen fünfundzwanzig Nachkriegsjahre, der den Tourismus zum größten Industriezweig der Welt gemacht hat und während dem die Computerisierung die Organisationsstruktur jedes Betriebes, vom Reinigungsunternehmen bis hin zu den Mammutunternehmen, grundlegend veränderte. Aber leider kann es auch durchaus möglich sein, daß die Zukunft von Stagnationsperioden und Verfall bestimmt sein wird, deren erste Anzeichen das jüngste Jahrzehnt der Wachstumsstagnation, des Produktivitätsniedergangs und der steigenden Arbeitslosenraten in effektiv allen kapitalistischen Staaten waren. Eine ebenso unbestimmbare Zukunft steht uns im Zusammenhang mit der Gesellschaftsstruktur bevor, in der eine kapitalistische Akkumulation stattfinden kann. Die vor uns liegenden Jahrzehnte könnten eine politische »Entente« bringen, vergleichbar jener in den fünfziger Jahren, aus der die höchst stimulativen Institutionen des Wohlfahrtsstaates hervorgegangen sind; oder wir könnten Zeugen eines zunehmend geringer werdenden Vertrauens in diese Gesellschaftsstruktur werden und in der Folge ein Nachlassen ihrer Effektivität beobachten, wie es auf ähnliche Weise in den achtziger Jahren der Fall war.

Die langfristigen Aussichten des Wachstums bleiben also genauso undurchsichtig, wie sie es schon immer gewesen sind. Ob es dennoch Möglichkeiten gibt, eine transformatorische Antriebskraft selbst dann zu erreichen, wenn die spontanen Prozesse träge sind, ist eine Frage, auf die wir später zurückkommen werden. Leider kann ich dieses Kapitel nicht so beenden, wie ich es gerne würde: mit einer plausiblen, optimistischen Vorhersage über die Aussichten für eine weitere kapitalistische Expansion. Vielmehr muß ich meine Leser an die sehr viel bescheidenere Ambition erinnern, die mich zu diesem Buch motiviert hat: Indem wir den Charakter des Systems, in dem wir leben, besser verstehen, werden wir auch die Grenzen besser verstehen, die jede vorstellbare Zukunft des Kapitalismus beschränken werden. Wenn man die Macht, die Notwendigkeit und die Verwundbarkeit des Drangs nach Kapital verstanden hat, dann hat man bereits etwas über die Zukunft erfahren, die für das 21. Jahrhundert vorstellbar ist. Und als Konsequenz daraus haben wir uns in gewisser Weise auch auf die Begegnungen mit der Geschichte vorbereitet.

4

Die Politik des Kapitalismus

I

Im letzten Kapitel ging es um den Kapitalismus als ökonomisches System; in diesem wird es um den Kapitalismus als politisches System gehen. Der Unterschied zwischen beiden ist nicht so groß, wie man annehmen möchte – wir haben bereits festgestellt, daß kapitalistische Expansion sowohl politische als auch wirtschaftliche Konsequenzen hat und nicht nur materiellen Wohlstand, sondern auch soziale Übel mit sich bringt. Marx, der nun gewiß ein gründlicher Diagnostiker des politischen wie ökonomischen Systems war, glaubte, daß die Ökonomie des Kapitalismus nicht nur von den »Widersprüchen« beherrscht sei, die durch den von ihr hervorgerufenen Drang nach Produktion entstehen, sondern auch von einer Politik der »Klassenkämpfe«, die auf ihre Verteilungsmodalitäten zurückzuführen seien.

Der Begriff Klassenkampf paßt nicht mehr in unsere Zeit, er gehört zum Vokabular einer anderen Ära. Doch man sollte diese Überlegungen von Marx nicht einfach beiseite schieben. Das Spannungsverhältnis zwischen jenen, die bessere Positionen einnehmen, und jenen in schlechteren fließt noch immer in das Politikverständnis aller Gesellschaftsschichten ein, wenn auch inzwischen vielleicht weniger deutlich und greifbar. Das entscheidende politische Thema des Kapitalismus dreht sich, wie bei allen stratifizierten Gesellschaftsformen, um seine Klassenbeziehungen.

Wir werden gegen Ende dieser Untersuchung auf diesen Punkt zurückkommen. Bis dahin gibt es gar keine Frage, worauf wir unser Augenmerk lenken müssen, um zu erfahren, was das unmittelbar wichtigste Thema des Kapitalismus ist – ein Thema, das in jedem kapitalistischen Staat von häufig schon obsessiver Vordringlichkeit ist: die Beziehung zwischen Management und Regierung oder, aus unserer etwas distanzierteren Perspektive betrachtet, zwischen Wirtschaft und Staat.

Es entgeht uns oft, wie außergewöhnlich dieser Aspekt des kapitalistischen politischen Lebens ist, denn wir machen uns nicht immer bewußt, daß die Teilung von allumfassender Regierungsgewalt in zwei unabhängige, nach Recht und Gesetz getrennte Domänen, die dennoch voneinander abhängig und lebenslang miteinander verbunden sind, in jedem Gesellschaftssystem etwas höchst Ungewöhnliches ist. Die dieser Aufteilung am nächsten kommende Analogie wäre die feudalistische Gewaltenteilung von Kirche und Staat, doch die Spannungen dieser Beziehung sind minimal, gemessen an der säkularen Gewaltenteilung in einer kapitalistischen Gesellschaft.

Zu Beginn möchte ich ein Wort über jede Seite dieser Teilung sagen. Wir sind uns alle der Unterschiede bewußt, die einerseits zwischen »dem Staat«, mit seinen Rechtsinstitutionen, seinem Machtapparat und seinen traditionellen Funktionen, und andererseits »der Wirtschaft«, mit ihren Fabriken und Geschäften, Banken und Märkten, Stellenausschreibungen und Arbeitsämtern, herrschen. Die Aufgabe des Staates ist, zu regieren, und die der Wirtschaft, zu produzieren und zu verteilen. Wir wissen, Regieren erfordert bis zu einem gewissen Maße auch, daß der Staat Gesetze und Regeln für die Wirtschaft erläßt und gelegentlich in wirtschaftliche Belange eingreifen muß; und wir wissen auch, daß wirtschaftliche Belange manchmal unvermeidlich auf eine dem öffentlichen Interesse entgegenwirkende Weise (beispielsweise in der Außenpolitik) und manchmal auf eine Weise, die mit diesem Interesse im Einklang steht (beispielsweise bei der Formulierung von Wirtschaftspolitik), in Regierungsfunktionen eindringen.

Für gewöhnlich ist uns nicht bewußt, daß diese Dualität der Domänen, mit ihren recht fließenden Grenzen, keine Entsprechung in nicht-kapitalistischen Gesellschaften hat. Bei der sozialistischen Planwirtschaft gab es natürlich nur eine Domäne, abgesehen von ein paar kleinen landwirtschaftlichen Eigeninitiativen und dem winzigen »Sektor« des Straßenhandels. Noch wichtiger aber ist, daß es selbst bei Gesellschaften, die dem Kapitalismus verwandt waren, nur eine Domäne gab – im Griechenland des Altertums, mit seinem blühenden Außenhandel, oder in Rom, das eine Art Börse auf dem Forum unterhielt, oder im Florenz des 16. Jahrhunderts mit seinem vom Geld geprägten Leben. Der Grund dafür war, daß der Staat mittels Gesetz grenzenlose Regierungsgewalt hatte. Die Vorstellung, daß die materielle Versorgung der Gesellschaft den Eigeninitiativen von Bauern, Handwerkern und Händlern überlassen bleiben und nicht grundlegend der Autorität des Staates unterliegen könnte, wäre einem Aristoteles, Cicero oder Machiavelli nicht in den Sinn gekommen. Wenn der Staat sich dennoch nicht besonders in diese Aktivitäten einmischte, dann nur, weil er Wichtigeres zu tun hatte, zum Beispiel Kriege zu führen und seine eigene Herrlichkeit zu feiern. Außerdem funktionierten diese »ökonomischen« Aufgaben derart mechanisch – oder waren letztlich so unbedeutend –, daß sie einfach sich selbst überlassen wurden. Um also erneut ein Thema aufzugreifen, das sich durch alle Seiten dieses Buches zieht: In vorkapitalistischen Gesellschaften gab es aus dem gleichen Grund keine Ökonomie, aus dem es keine Wirtschaftspolitik gab. Natürlich waren alle notwendigen Produktions- und Verteilungsaktivitäten vorhanden, aber sie unterlagen keinesfalls einer anderen gesellschaftlichen Disziplin als ihren eigenen gesamtgesellschaftlichen und politischen Funktionen.

Wie wir bereits wissen, begann diese Teilung in den politischen Ruinen des zusammengebrochenen Römischen Reichs, wo sich eine Handelsklasse aus ihrem zwar nutzbringenden, aber völlig anderen Dasein im Mittelalter zu einem gesellschaftlichen »Stand« herausgebildet hat, der in der Lage war, die ihn umgebende aristokratische Welt herauszufordern und am Ende die Vormacht über sie zu erringen. Diesmal möchte ich jedoch einen anderen Aspekt dieses epochemachenden Wandels hervorheben. Wenden wir unsere Aufmerksamkeit dem zweiseitigen politischen Ergebnis dieses ökonomischen Geburtsvorgangs zu. Auf der einen Seite begründeten landwirtschaftliche Netzwerke, konventionelle Industrien und Handelsverbindungen einen realen Machtbereich, der sich zum erstenmal von den Daumenschrauben des Staates frei und in der Lage sah, seine Angelegenheiten mit einem Minimum an staatlicher Lenkung oder Einschränkung selbst zu verwalten – eine Art Staat im Staate. Auf der anderen Seite war diese neu begründete Wirtschaftsdomäne bei weitem noch nicht in der Lage, ihre engen Beziehungen mit der älteren politischen Domäne zu lockern oder die Abhängigkeiten von ihr abzustreifen.

Was nun entstand, war ein Gesellschaftssystem, das zweigeteilt und verbunden zugleich war. Das offensichtliche Problem, das durch eine solche Gewaltenteilung entstand, drehte sich darum, welche Pflichten jede dieser beiden Domänen übernehmen sollte. Adam Smith erfaßte diesen Punkt bei seinem Lobgesang auf das System der natürlichen Freiheit wie üblich sehr genau. Zuerst betonte er die neu gewonnene Unabhängigkeit der ökonomischen Hälfte:

»Solange der einzelne nicht die Gesetze verletzt, so stellt sich ganz von selbst das einsichtige und einfache System der natürlichen Freiheit her. Solange der einzelne nicht die Gesetze verletzt, läßt man ihm völlige Freiheit, damit er das eigene Interesse auf seine Weise verfolgen kann und seinen Erwerbsfleiß und sein Kapital im Wettbewerb mit jedem anderen oder einem anderen Stand entwickeln oder einsetzen kann. Der Herrscher [also ›der Staat‹] wird dadurch vollständig von einer Pflicht entbunden, bei deren Ausübung er stets unzähligen Täuschungen ausgesetzt sein muß und zu deren Erfüllung keine menschliche Weisheit oder Kenntnis jemals ausreichen könnte, nämlich der Pflicht oder Aufgabe, den Erwerb privater Leute zu überwachen und ihn in Wirtschaftszweige zu lenken, die für das Land am nützlichsten sind.«[26]

Doch gleich im nächsten Satz fährt Smith mit der Schilderung dreier Aufgaben »von höchster Wichtigkeit« fort, die dem Staat nach wie vor zukommen sollten: Erstens, die Pflicht, »das Land gegen Gewalttätigkeit und Angriff anderer unabhängiger Staaten zu schützen«; zweitens, »die Aufgabe, jedes Mitglied der Gesellschaft soweit wie möglich vor Ungerechtigkeit oder Unterdrückung durch einen Mitbürger in Schutz zu nehmen«; und drittens, »die Pflicht, bestimmte öffentliche Anstalten und Einrichtungen zu gründen und zu unterhalten, die ein einzelner oder eine kleine Gruppe aus eigenem Interesse nicht betreiben kann, weil der Gewinn ihre Kosten niemals decken könnte, obwohl er häufig höher sein mag als die Kosten für das ganze Gemeinwesen.«

Wie üblich beeindruckt Smiths Unparteilichkeit. Er wettert gegen die »Impertinenz« von vorwitzigen Beamten, die versuchen, ihre eigenen Bedürfnisse als diejenigen des Marktes hinzustellen. Und selbst sein dringender Wunsch, die Privatindustrie an die Spitze zu stellen, hindert ihn nicht daran, anzuerkennen, daß die Regierung eine unerläßliche Rolle zu spielen hat. Smith stellt ihre Pflichten äußerst breitgefächert dar und setzt ihrer Rolle damit sehr weite Grenzen. Wenn wir den drei oben erwähnten staatlichen Pflichten Gestalt verleihen, dann erhalten wir die mannigfaltigen wirtschaftlichen und politischen Einflußbereiche des Verteidigungsapparates des Kapitalismus; die nationalen gesetzgebenden Systeme mit ihren Gerichtshöfen, Polizeikräften und Gefängnissen; und wir erfahren, wie notwendig es ist, zu errichten und zu wahren, was wir die nationale Infrastruktur nennen, vor allem jene Bildungsinstitutionen, welchen Smith so großes Gewicht verlieh. Das ist gewiß noch kein Wohlfahrtsstaat (über den wir in Kürze mehr hören werden), aber bei aller Phantasie ist es genausowenig eine Art von kapitalistischer Anarchie.

2

Die beiden Domänen des Kapitalismus bilden den Rahmen für sein politisches Leben. Sie bilden auch den Rahmen für einen anderen Aspekt des Kapitalismus, der zwar viel gefeiert wird, aber kaum mit dessen gabelförmig geteilter Struktur zusammenhängt: die politische Freiheit. Sie hat die kapitalistische Gesellschaft bereits von den Königreichen unterschieden, die ihre ursprünglichen Rivalen waren, aber noch viel weitgehender vom zentralistischen Sozialismus, der bis vor kurzem noch ihr Erzrivale war. Dementsprechend ist unsere nächste Aufgabe, zu erforschen, wie die Gewaltenteilung zwischen den beiden Domänen mit dem Freiheitsgedanken zusammenhängt. Das wird uns erneut dazu führen, den Drang nach Kapital zu untersuchen, welcher das System am Leben erhält, doch diesmal von einem recht unterschiedlichen Blickwinkel betrachtet.

Gibt es eine Verbindung zwischen diesem Drang nach Kapital und dem Genuß von Freiheit? Ein berühmtes Argument lautet, daß das Streben nach Wohlstand an sich bereits Ausdruck einer absoluten Grundfreiheit sei, auf die sich alle möglichen anderen Arten von Freiheiten begründen würden. Diese Grundfreiheit wurde als erstes von John Locke in seinem berühmten, 1690 veröffentlichten Werk *Second Treatise on Government* als das Recht des Individuums dargestellt, seinen eigenen Körper und in gewissem Ausmaß auch die Arbeit seines Körpers zu besitzen. Adam Smith schloß daran an und nannte diese Eigentumsform »in höchstem Maße heilig und unverletzlich«[27]. Nach anfänglicher Betonung des individuellen Rechts auf den Besitz der eigenen Arbeit vertrat Locke auch das Recht auf den Privatbesitz jener Dinge, die das Individuum mit seiner Arbeit von der Natur erworben hat; und mit einer nur scheinbar kleinen, in der Tat jedoch sehr bedeutenden Erweiterung vertrat er überdies das Recht auf den Besitz jener Dinge, die das »Gesinde« für ein Individuum erworben hat. Das Recht auf den Besitz der eigenen Arbeit schuf für Locke jenen grundsätzlichen Freiheitsraum, der das Individuum vor den willkürlichen Übergriffen der Gesellschaft schützt. C. B. Macpherson bewies, daß Lockes Freiheitsbegriff umfassend ist, weil er sogar das Konzept des »possessiven Individualismus« beinhaltet, welches zum Bestandteil einer gewinnsüchtigen Gesellschaft wird.[28] Demgemäß scheint der Kapitalismus also ein Gesellschaftssystem zu sein, das sowohl die Verkörperung als auch der Ausdruck von Freiheit ist.

Es ist einfach, diesen Zusammenhang von Freiheit mit dem Recht auf den Erwerb von Wohlstand als reines Privileg abzutun, das im Gewand der Moral erscheint, und es ist kein großes Kunststück, all die Unterdrückungen und Unfreiheiten aufzudecken, die im Namen der »Eigentumsrechte« entstehen, welche aus diesem Freiheitskonzept hervorgegangen sind. Dennoch möchte ich nahelegen, daß wir wohlwollend überlegen, ob nicht doch eine Verbindung zwischen der Freiheit an sich und dem Recht besteht, unsere körperliche Arbeit und – diese Einschränkung ist wichtig – auch in gewissem Maße Eigentum zu besitzen, sei es nun durch unsere eigene Arbeit produziert oder nicht. Um genauer zu sein: Ich behaupte, daß eine eigenständige ökonomische Domäne unerläßlich für die politische und gesellschaftliche Freiheit eines Gesellschaftssystems ist und daß der Kapitalismus bis heute das einzige System ist, das diese Freiheit bietet.

Es ist eine überwältigende Tatsache, daß kein nicht-kapitalistisches Land jenen Grad an politischer, bürgerlicher, religiöser und intellektueller Freiheit erreicht hat, der in den Ländern des modernen Kapitalismus existiert. Oder, um die Sache umzudrehen: Der Zustand expliziter politischer Freiheit, den wir nicht sehr exakt »Demokratie« nennen können, ist bislang nur in Staaten entstanden, in denen der Kapitalismus die ökonomische Organisationsform ist. Wichtig in diesem Zusammenhang ist jedoch die Argumentation. So ist es sicher nicht der Fall, daß der Drang nach Kapital eine die

Freiheitsliebe fördernde Denkstruktur erzeugt. Eher könnte man sagen, daß die Existenz einer Wirtschaft innerhalb eines politischen Rahmens die Freiheit auf unschätzbare Weise fördert, weil sie es politischen Dissidenten gestattet, ohne Entmündigung durch ein allgewaltiges Regime ihr Leben zu gestalten. Zweifellos sind verfassungsmäßige Garantien das Fundament für alle Arten von Freiheiten, doch das Vorhandensein einer privaten Domäne innerhalb eines ansonsten allumfassenden Staates ist gleichbedeutend mit einer neutralen Schweiz, in der die Gegner des Staates Zuflucht suchen können.

Natürlich muß man sagen, daß diese Zuflucht bei weitem nicht perfekt ist. Häufig ist die Wirtschaft nicht willens, jene Individuen zu versorgen, die als Feinde des Gesellschaftssystems betrachtet werden: subversive Intellektuelle, radikale Politiker und dergleichen. Die Existenz privater Arbeitsmöglichkeiten kann nur unzureichend als Argumentation dafür dienen, daß Dissidenten mit ihrer Hilfe ungestraft unpopuläre Ansichten verbreiten könnten. Noch absurder ist die platte Behauptung, durch die Rechtfertigung des Eigentums würde dem Mißbrauch wirtschaftlicher Macht oder der Verbreitung von Gewinnsucht Tür und Tor geöffnet. Man sollte auch nicht vergessen, daß die Akzeptanz eines demokratischen Sozialismus, ganz zu schweigen vom theoretischen Kommunismus, oft als eine Art von Majestätsbeleidigung betrachtet wurde, als eine ökonomische Präferenz, die wie politischer Verrat behandelt wurde. Und nie vergessen werden darf, welche Bedrohungen der Freiheit in jenen Ländern existieren, in denen es keine eigenständige Domäne – »Die Wirtschaft« – gibt. Nur der Kapitalismus offeriert diese Art von Schweiz als Bestandteil seines konstitutiven Aufbaus.

Die öffentliche und die private Domäne des Kapitalismus, die den Rahmen für sein politisches Leben setzen, führen keine einfache Koexistenz, denn sie werden von verschiedenen Imperativen gelenkt. Inzwischen wissen wir, daß der Drang nach Akkumulation die private Domäne antreibt. Aber seit seinem frühesten Erscheinen hatte auch der Staat seinen Imperativ – seine *raison d'état* –, der nicht nur seine Führungspersönlichkeiten und deren Entourage prägte, sondern Individuen aller Gesellschaftsschichten wie ein Magnetfeld anzog.

Dieser politische Magnetismus kann in unterschiedlichem Maße bei vielen institutionellen Formen gefunden werden – bei den griechischen Stadtstaaten der Antike, den konstitutionellen und den absoluten Monarchien, bei demokratischen Republiken und bei totalitären Regimen. Trotz dieser unterschiedlichen politischen Formen können wir bei allen eine ähnliche Anziehungskraft feststellen, die, analog zur Antriebskraft des Kapitals, die Struktur der gesamten Bürgerschaft bestimmt. Nur bedeutet Anziehungskraft des Staates nicht, daß man als Individuum mittels wirtschaftlichen Erfolges aus der Masse hervortreten kann, sondern ganz im Gegenteil, daß die individuelle Erhöhung durch eine Verschmelzung mit der kollektiven Masse geschieht. Die Attraktion dieser selbstentwertenden Identität hat ihre Wurzeln zweifellos in unbewußten Kindheitsphantasien, ähnlich wie die Anziehungskraft des selbstverherrlichenden Drangs nach Wohlstand. Im »politischen« Fall ist die ursprüngliche Quelle dieses Phänomens die Identifikation des Kindes mit den Eltern, welche im späteren Sozialisationsprozeß als Treue zu Familie und Stamm ihren Ausdruck findet. Rückgriffe auf derart tiefsitzende menschliche Bedürfnisse scheinen manchmal notwendig zu sein, um zumindest einen Teil der Ursachen zu verstehen, aufgrund derer sich Menschen zum Beispiel auf den Straßen versammeln, nur um einen flüchtigen Blick auf einen

Staatsführer werfen zu können, oder weshalb rassische und religiöse Identitäten jene immensen destruktiven Kräfte hervorbringen können, die die Zivilisation unserer Zeit bedrohen.

Dieser flüchtige Blick auf die menschliche Natur erinnert uns daran, daß diese Studie über den Kapitalismus letztendlich in einem größeren Szenarium angesiedelt werden muß. Zuvor aber erhebt sich die Frage, wie derart unterschiedlich konstituierte Machtdomänen in Frieden miteinander leben können. Die Antwort führt uns zu den Funktionsweisen eines kapitalistischen Systems zurück. Denn wir müssen uns nur die Interaktionen der beiden Domänen betrachten, um festzustellen, daß sie ungeachtet ihrer fundamentalen Unterschiede durch starke Affinitäten aneinander gebunden sind. Die Domäne des Kapitals kann ihre akkumulative Aufgabe nicht ohne die komplementäre Unterstützung des Staates erfüllen, wie Adam Smith ganz klar festgestellt hat. Andererseits ist die Regierung von einer gesunden Wirtschaft abhängig, um die Einnahmen zu erhalten, die sie zur Durchsetzung ihrer kostspieligen Ziele benötigt.

Bei dieser gegenseitigen Abhängigkeit hat die Domäne des Kapitals traditionell die Oberhand. Gewiß hat der Staat die stärkeren Waffen in Händen – für gewöhnlich sagen wir, daß die Macht zur Steuereintreibung die Macht zur Zerstörung ist –, aber diese Einnahmenerzielung des Staates wäre ein leeres Privileg, wenn die Wirtschaft nicht befriedigend funktionieren würde. Daher gilt die vordringlichste Sorge des Staates in normalen Zeiten dem Ziel, die Akkumulation von Kapital zu unterstützen. Anstatt den privaten Sektor zu »verdrängen«, schafft ihm die Regierung Platz, sich anzusiedeln. Nicht aus Schwäche, sondern aus schierem Eigennutz ist es das Geschäft der Regierung, Geschäfte zu machen, wie Calvin Coolidge es kurz und bündig formulierte.

Zur Komplettierung unserer Übersicht über diese Interessenkongruenz sollte auch darauf hingewiesen sein, daß sich die Beziehungen zwischen den Domänen mit den technologi-

* löst sich infolge der Globalisierung auf.

70

schen und institutionellen Veränderungen in den Grundstrukturen des Systems gewandelt haben. Zu Zeiten von Smith wurde die Rolle des Staates allgemein mit aristokratischen Ansichten und Interessen identifiziert, und seine angemessene Haltung gegenüber einer aufstrebenden Marktwirtschaft war noch sehr unsicher definiert. *Natur und Ursachen des Volkswohlstands* war im großen und ganzen ein Handbuch für zeitgenössische Regierungen. Mitte des 19. Jahrhunderts wurde Regierungsgewalt dann überall deutlich mit der Förderung von bürgerlichen Interessen im eigenen Land oder im Ausland verbunden – und Marxens *Kapital* wurde zu ihrem Exposé. In unserer Zeit hat sich die Beziehung zwischen Politik und Wirtschaft erneut verändert, und diesmal hat der Staat jene Funktionen übernommen, die notwendig sind, um die Wirtschaft vor den zunehmend bedrohlichen Konsequenzen zu schützen, die ein unregulierter Markt hervorbringen kann. Diese Staatseingriffe begannen mit den mittlerweilen vertrauten Arbeitslosen- und Sozialversicherungsprogrammen, wenden sich aber neuerdings dem noch unvertrauten Problem zu, wie die Wirtschaft gegen die Übergriffe globaler Wirtschaftsmächte ✳ zu schützen ist.

Diesem letzten Thema werden wir uns bald widmen, zuvor aber scheint noch ein Wort über das Wechselspiel von Staat und Wirtschaft angebracht. Wenn die staatliche Souveränität bedroht scheint, eilt das Kapital schnell zu Hilfe. Doch die Entscheidungsgrundlagen dafür sind nicht dieselben, die die Regierung zur Unterstützung von Wirtschaftsunternehmen motivieren. Die öffentliche Domäne würde sicherlich darunter zu leiden haben, wenn die Bedürfnisse der privaten Domäne nicht erfüllt würden; die Existenz der privaten Domäne ist jedoch kaum bedroht, wenn die öffentliche Domäne politische Rückschläge erleidet – das kapitalistische System hat viele politische Wechsel überstanden, auch die Machtübernahme sozialistischer Parteien von eigenen Gnaden. In der Tat hat es sogar die militärischen Niederlagen nach dem Ersten wie dem Zweiten Weltkrieg überlebt. So kann man also sagen,

✳ Kampf schon verloren?

daß die Wirtschaftswelt den Regierungen mehr aus patrioti-
schen Motiven und vermutlich auch eher aus Profitdenken
zur Hilfe eilt als zur Verteidigung politischer Prinzipien. Vielleicht könnte man das Fazit ziehen, daß sich die Wirtschaftswelt in der Notlage hinter die Regierung stellt, wohingegen
sich die Regierung in den ruhigeren Zeiten zwischen den Not-
lagen hinter die Wirtschaftswelt stellt.

4

Wenn das alles wäre, was über die Politik des Kapitalismus zu
sagen ist, dann würde es um kaum mehr gehen als um die ge-
genseitige Annäherung dieser unterschiedlichen, aber nicht
unvereinbaren Ziele. Schlimmstenfalls würden dabei Probleme jener Art auftreten, wie sie Smith mit seinen Beispielen
vorhergesehen hat: Probleme, die aus Interventionen der Regierung resultieren würden, welche mit der Anpassungsfähigkeit und Flexibilität – die die ökonomischen Errungenschaf-
ten eines Systems der natürlichen Freiheit sind – in Konflikt
stünden; und Probleme, die sich aus der Tendenz der Wirtschaftswelt ergäben, politische Vorteile zu suchen, die die potentielle Energie eines Wettbewerbsmarktes schwächen könnten.

Das sind ganz und gar keine geringfügigen Interessenskon-
flikte – man denke nur an den heftigen Kampf, der im letzten
Viertel des 19. Jahrhunderts entbrannt war, um die Verhaltensweisen des Big Business zu zügeln, oder an die Konflikte
der neueren Zeit zwischen Regierungen und Wirtschaftswelt
um umweltpolitische oder profitorientierte Entscheidungen.
Doch diese Konflikte sind nicht mehr als das alltägliche politische Geschäft in jedem Industriestaat, und ihre Auslöser oder
Lösungen unterscheiden sich nicht besonders von vergleichbaren Interessenskonflikten zwischen Planern und Betriebs-

72

* gilt nur noch bedingt!!

leitern in der ehemaligen Sowjetunion. Aber das ist nicht mehr der Fall, wo es um zwei andere Fragen geht, die sich beide um jenen Prozeß drehen, den wir wieder und wieder als Urquell der kapitalistischen Vitalität erkannt haben – die Expansion des Kapitals. Wie wir jedoch sehen werden, hängen diese Fragen überdies mit bestimmten Aspekten und Konsequenzen des Expansionsdrangs zusammen, denen wir bisher noch keine Beachtung geschenkt haben.

Der erste dieser Aspekte führt uns dazu, Kapitalakkumulation aus einer noch ungewohnten Perspektive zu betrachten. Diese Perspektive konzentriert sich auf die geographische Reichweite der Suche nach Rohstoffen, Arbeitsmöglichkeiten und Märkten, die den kapitalschaffenden Prozeß immer wieder verändern. Sobald wir uns dieses Punktes bewußt geworden sind, erkennen wir vor allem eines: Die ökonomische Reichweite des Kapitals ist unvergleichbar viel größer als die politische Reichweite der staatlichen Entität, aus der es stammt. Die Akkumulation von Kapital findet in einem internationalen – oder vielleicht genauer: transnationalen – Rahmen statt, der Kapital über die Nationalstaaten erhebt, in welchen es seine Betriebseinheiten angesiedelt hat. Zwischen diesen Nationalstaaten bewegt sich der Prozeß, Waren in Geld und Geld zurück in eine noch größere Spannbreite von Waren zu verwandeln, wie ein großer ökonomischer Verkehrsstrom über eine Brücke, deren Pfeiler Bergwerke, Fabriken, Büros und Forschungszentren sind, die in den verschiedensten Teilen der Welt angesiedelt sind.

Dieser transnationale Strom ist inzwischen enorm angeschwollen. Nach einer neueren Studie des United Nations' Center on Transnational Corporations belief sich 1985 der Gesamtabsatz der 350 größten transnationalen Konzerne auf beinahe ein Drittel des gesamten Bruttosozialprodukts aller Industriestaaten und übertraf das Bruttosozialprodukt aller Entwicklungsländer, inklusive China.[29] Das läuft auf dasselbe hinaus wie eine Weltwirtschaft innerhalb einer Weltwirtschaft. Und als solche übt diese einen neuartigen Druck auf die endemischen Probleme der Beziehungen zwischen den beiden Domänen des Kapitalismus aus. Von Anbeginn an haben alle kapitalistischen Wirtschaftssysteme zur Kapitalmehrung ihren Nutzen aus dem international unterschiedlichen Kostengefälle, vor allem dem der Lohnkosten gezogen: Keynes hat einmal geschätzt, daß die aus effektiven Zinssätzen zusammengesetzten Einnahmen von Sir Francis Drakes *Golden Hind* dem gesamten Vermögen Großbritanniens vor dem Ersten Weltkrieg entsprachen;[30] und die größte einzelne Quelle von Kapitalakkumulation in der neuzeitlichen Welt ist die Ölindustrie, die bis vor zwanzig Jahren der Dritten Welt das Öl für einen Hungerlohn abkaufen konnte.

Internationale Handelsbeziehungen sind jedoch nicht dasselbe wie transnationale. Letztere umfassen nicht nur die billige Warenherstellung im einen Land und den Warenverkauf in einem anderen, weiter entwickelten Land, sondern unterhalten außerdem ein Netzwerk an Produktionsstätten, Forschungs- und Handelsaktivitäten, das auf viele Staaten, entwickelte wie unterentwickelte, verteilt ist. So baut die »amerikanische« Chrysler Corporation ihren erfolgreichsten Wagen in Kanada; der »japanische« Honda wird in den Vereinigten Staaten hergestellt; Pepsi-Cola verarbeitet seine Produkte in 500 auf 100 Länder verteilten Fabriken; die Konzerne Phillips, Asea-Brown Boveri und Electrolux, die alle zum Club der 350 Multinationalen gehören, sind in vieler Hinsicht zu groß, um in ihren »heimatlichen« Wirtschaftssystemen Holland, Schweiz und Schweden genügend Raum zu haben.

Dieses zunehmend globalisierte Produktionsmuster ist zur Herausforderung an die traditionelle Beziehung zwischen Wirtschaft und Staat geworden. Das globalisierte marktwirtschaftliche System reicht viel weiter als die politische Macht einer einzelnen Regierung. Konfrontiert mit einem Netzwerk aus Beziehungen, das ihre eigene Kontroll- und Regulationsmacht weit übertrifft, sind Staatsregierungen ihrem Beitrag zu einer gut funktionierenden Wirtschaft – ihren rechtlichen, monetären und protektiven Funktionen – zunehmend weniger gewachsen. Schlimmer noch, auch ein einzelner Staat wird in seinen Loyalitäten gespalten: Einerseits ist er eifrig darum bemüht, daß »seine« Konzerne Einkünfte maximieren, die dann dem staatlichen Steuersystem unterliegen; andererseits sieht er nur ungern, daß Arbeits- oder Forschungsmöglichkeiten, die er als Bestandteil seiner staatlichen Wirtschaftsmacht behalten möchte, in einer kompetitiven staatlichen Entität angesiedelt werden.

Bis heute wurde dieser Zielkonflikt für gewöhnlich zugunsten der transnationalen Expansion eines Konzerns beigelegt, wie die Statistiken des explosiven Wachstums zeigen. Unsicher ist jedoch, ob diese Tendenz ungehindert fortgesetzt werden kann. In Analogie zum Devisenmarkt mit seiner täglichen Billion Dollar, der die Wertbestimmung einer nationalen Währung eher dem Gutdünken »des Marktes« als dem Ermessen nationaler Finanzbehörden überläßt, würde eine vergleichbare Zusammenlegung der Wirtschaftsproduktionen die Chancen eines Nationalstaates beispiellos einschränken, nach einer wirtschaftlichen Zukunft zu streben, die sich ausdrücklich von der Zukunft seiner politischen Rivalen unterscheidet. Viele Wirtschaftswissenschaftler würden zwar darauf verweisen, daß die durchschnittliche »Effizienz« der Staaten in einem solchen Fall zunehmen würde; aber dieselben Wirtschaftswissenschaftler müßten auch zugeben, daß dies einen unvergleichlichen Verlust von wirtschaftlicher Unabhängigkeit, die einige dieser Staaten vielleicht gerne erlangen würden, zur Folge hätte.

Die Internationalisierung des ökonomischen Lebens scheint also die Beziehungen zwischen Wirtschaft und Staat zu verändern. Die Geschichte zeigt, daß der Staat mit all seinen schwerfälligen Verfahrensweisen den äußerst mobilen Kräften des ökonomischen Lebens noch nie gewachsen war. Die kapitalistische Geschichte zeigt, daß die Wirtschaft die Politik in einem Maße dominiert, das in keinem vorangegangenen System denkbar gewesen ist. Doch man muß heutzutage wohl kaum an die latenten Kräfte erinnern, die in der politischen

← Sehr interessant!!

Domäne schlummern. In normalen Zeiten wird der Mensch zwar sehr weit gehen, um Geld zu machen, aber er wird kaum bereit sein, dafür zu sterben. In unnormalen Zeiten werden die Menschen scharenweise für ihr Land sterben, auch wenn sie im Normalfall nicht bereit waren, auch nur einen Finger dafür krumm zu machen. Es hängt also viel davon ab, ob der politische Kraftaufwand in einer immer internationalisierteren Wirtschaft die Grenze überschreiten wird, die normale von unnormalen Zeiten trennt. Wird diese Grenze nicht überschritten, dann wird die Globalisierung des Wirtschaftslebens auch auf die eine oder andere Weise dafür sorgen können, daß man sich mit den Einschränkungen der politischen Unabhängigkeit arrangiert; und der Kapitalismus wird unter den mehr oder weniger gleichen Regeln fortbestehen, auch wenn das Kräfteverhältnis zwischen seinem Zentrum und der Peripherie Veränderungen unterliegen sollte. Würde diese Grenze jedoch überschritten werden, dann sähe alles ganz anders aus. In einem solchen Fall würden wir erleben, wie nationale Identität ungeachtet aller ökonomischen Trends und sehr wahrscheinlich durch die Gründungen halbautokratischer nationaler Gruppierungen betont werden würde. Die wirtschaftspolitische Logik, die die neuere Geschichte so weitgehend bestimmt hat, würde in der Folge von der politischen Logik verdrängt werden – obwohl ich mir sicher bin, daß sie sie nicht endgültig ersetzen könnte. Und wie lautet diese Logik der Politik? Ich habe den Verdacht, daß wir sie unter sehr harten Bedingungen erfahren müßten.

5

Ein anderes und nicht weniger tief gehendes Spannungsverhältnis entsteht durch den Rahmen, der die beiden Domänen umgibt. Hier geht es um die Beziehung zwischen wirtschaftspolitischer Expansion und innenpolitischem Frieden des Systems. Wir konnten bereits sehen, daß mit Beginn des Akkumulationsprozesses im Elisabethanischen England soziale Unruhen ausbrachen, weil dieser Prozeß auch das gewöhnliche Volk einbezog. Mit wachsender Intensität setzten sich diese Unruhen während des ganzen 19. Jahrhunderts fort und prägten schließlich auch ein Drittel des Weges durch das 20. Jahrhundert. Abgesehen von ein paar beschwichtigenden Gesten, darunter vor allem die Einführung der ersten Sozialgesetzgebung durch Otto von Bismarck in Deutschland, reagierten die Regierungen auf diese Bedrohung mit repressiven legislativen und regulativen Maßnahmen. Zweifellos war dies vor allem Ausdruck von klassenorientierten Feindseligkeiten und Ängsten und weniger von Indifferenz oder Trägheit. Aber es kann gar kein Zweifel bestehen, daß sich darin auch die Überzeugung ausdrückte, daß die Regierung kaum etwas tun könne, um die Probleme wirtschaftlicher Instabilität zu lösen, außer vielleicht dem System zu gestatten, seine »natürliche« Vitalität zu regenerieren. Politische Eingriffe wurden nicht nur als Widerspruch zur Natur der Dinge, sondern obendrein noch als nutzlos betrachtet.

Die dreißiger Jahre unseres Jahrhunderts veränderten alles, und die zweite Hälfte des Jahrhunderts brachte uns schließlich in jene ökonomische Sackgasse, die den Kapitalismus unserer Tage kennzeichnet. Die erste Veränderung kam mit der Großen Depression, die das Bruttosozialprodukt vieler Länder um mehr als ein Drittel, bei einigen sogar um die Hälfte reduzierte; die Arbeitslosigkeit in den Vereinigten Staaten auf 25 Prozent erhöhte; und das Außenhandelsvolumen für dreiundfünfzig folgende Monate absinken ließ. Damals stand der Kapitalismus der Gefahr eines Umsturzes oder Zusammenbruchs ohne Frage näher als jemals zu Lebzeiten von Marx. In der Tat machte der Kapitalismus in Deutschland, Italien und Spanien dann ja auch brutalen Systemen Platz, die zwar in gewissem Maße den Drang nach Akkumulation und den Marktmechanismus beibehielten, aber das Aufteilungsverhältnis der Domänen weitgehend zerstörten. Das brutale System wurde Faschismus genannt, und die Veränderung der Beziehung zwischen den Domänen bestand darin, daß die Wirtschaft dem Staat untergeordnet wurde.

Wie wir wissen, unterlag der Kapitalismus in den dreißiger Jahren jedoch auch in den Ländern, in denen keine solche Unterordnung stattfand, einem profunden Wandel. Auch bei diesem Wandel ging es darum, die Rolle der öffentlichen Domäne zu erweitern, allerdings bestand ein gravierender Unterschied: Während im faschistischen Staat wieder einmal ein fast unentrinnbares Netz der Macht geknüpft wurde, bestand in den demokratischen Staaten der Wandel vor allem darin, den »drei Pflichten« von Smith eine weitere »Pflicht« des Staates hinzuzufügen.

Als diese neue Pflicht betrachtete man die Sorge für »Vollbeschäftigung«, was sich natürlich deutlich von der Unterordnung des privaten Sektors unter die Ambitionen des öffentlichen Sektors unterschied, denn selbst diese erweiterte Rolle des Staates war noch viel zu eng begrenzt, um es ihm zu ermöglichen, die Aktivitäten des privaten Sektors zu bestimmen oder sogar zu übernehmen. Vollbeschäftigung bedeutete nichts weiter, als daß alle Möglichkeiten des Staates ausgeschöpft wurden, um das Wirtschaftswachstum zu fördern. John Maynard Keynes, dessen 1936 veröffentlichte *Allgemeine Theorie der Beschäftigung, des Zinses und des Geldes* die Magna Charta des Wandels war, hat sich in der Tat für eine »umfassendere Verstaatlichung« der Investitionen ausgesprochen, die er für notwendig hielt, um den Kapitalismus vor der Gefahr chronischer Arbeitslosigkeit zu bewahren. Doch diese erweiterte Funktion des Staates wollte Keynes – der den Kapitalismus ebenso ausdrücklich verteidigte, wie er den Sozialismus ablehnte – so apolitisch wie möglich sehen. Der strukturelle Wandel, für den er sich nachdrücklich einsetzte, sollte nichts weiter bewirken als zusätzliche Akkumulationsaktivitäten zu jenen des privaten Sektors, und zwar indem der Staat ein hohes Ausgabenniveau gewährleistet. Keynes zog nicht einmal in Erwägung, die erweiterte staatliche Komponente dieser Ausgaben zu nutzen, um staatliche Investitionen zum Beispiel für die Infrastruktur herbeizuführen. Er meinte ziemlich ironisch, falls sinnvolle Betätigungsfelder für staatliche Investitionen schwer zu finden seien, würde es genauso den Zweck erfüllen, wenn das Finanzministerium alte Flaschen mit Banknoten füllen und sie in stillgelegten Kohlebergwerken verbuddeln würde, um dann Verträge abzuschließen, damit sie wieder ausgebuddelt werden.[31]

Die Keynesianische Ökonomie bot die logische Grundlage, um die öffentliche Domäne auf bislang unvorstellbare Weise zu nutzen, nämlich als fiskalischen Vertreter des kapitalistischen Systems, dessen minimalster Verantwortungsbereich die Verhinderung von Massenarbeitslosigkeit wäre und dessen maximalster die Sorge für Vollbeschäftigung. Zweifellos wurde die erste Aufgabe mit Erfolg bewältigt. Allerdings konnte in den Vereinigten Staaten der Beweis dafür nicht in den dreißiger Jahren angetreten werden, als die Regierungsausgaben nur bescheiden anstiegen und die Arbeitslosenrate bis 1941 dementsprechend bei etwa 15 Prozent lag. Erst der Krieg konnte unwiderlegbar demonstrieren, daß Arbeitslosigkeit durch eine Keynesianische Politik beseitigt werden konnte: Bis 1943 sank die Arbeitslosenrate auf drei Prozent. Weil die Grundregeln des Krieges nach 1945 nicht mehr galten, wurden die erhöhten Staatsausgaben nun zunehmend durch die politische Akzeptanz des Wohlfahrtsstaates legitimiert. Im gesamten westlichen Kapitalismus stiegen die Staatsausgaben – für Sozialversicherung, Arbeitslosenversicherung, Familienbeihilfen (außer in den Vereinigten Staaten) und für die eher traditionellen Beträge der Sozialausgaben – von ungefähr einem Siebtel des Bruttosozialprodukts zu Kriegszeiten auf ein Drittel und sogar bis zur Hälfte. Resultat war, daß die größte Bedrohung des Kapitalismus verschwand – die Massenarbeitslosigkeit, die die politische und wirtschaftliche Geißel der dreißiger Jahre gewesen war.

Die zweite Aufgabe – Vollbeschäftigung – war allerdings

79

schwieriger zu bewältigen, denn gerade durch den Erfolg des Wohlfahrtsstaates entwickelte sich eine neue Herausforderung, die darin bestand, daß anhaltender Wohlstand die Verhandlungsposition der Arbeitnehmer stärkte. Von Land zu Land entwickelte sich in unterschiedlichem Maß eine mehrheitlich nicht gewerkschaftlich organisierte, passive Gruppe – die für jedes Arbeitsangebot dankbar und nicht in der Lage war, militante Lohnforderungen zu stellen – zu gut organisierten und ihre Forderungen aggressiv vertretenden Verhandlungspartnern bei Tarifgesprächen. Und während der Arbeitsmarkt härter wurde, begannen alle modernen Länder den mächtigen Druck zu spüren, den Lohnerhöhungen auf das Preisniveau ausübten. Ende der siebziger Jahre erhöhten sich die Lebenshaltungskosten fünf bis zehn Mal schneller als in den frühen sechziger Jahren. Nach 1973, als das Ölkartell der »Kostenexplosion« auf dem Arbeitsmarkt noch den »Ölschock« hinzufügte, erlebte die Hälfte des westlichen Kapitalismus eine verdoppelte Inflationsrate.[32] Mittlerweile hat die Tatsache, daß viele Zahlungen – von Löhnen bis zur Sozialversicherung – mit den Lebenshaltungskosten verknüpft wurden, die Inflationsbremse der vertraglich festgelegten Lohnzahlungen gelöst.

Die Tatsache, daß nach erfolgreicher Überwindung der Depression eine Inflation auftrat, hat der Politik des Kapitalismus den zweiten großen Wandel gebracht. Auf den ersten Blick war dieser Wandel eher ein Wechsel zu einer systemstabilisierenden als zu einer systemexpandierenden Politik. Hohe Zinssätze, die wegen ihrer belastenden Auswirkungen auf den Arbeitsmarkt der Ruin der Keynesianischen Ökonomie waren, wurden gerade deshalb zum allgemein angewandten Instrument der Politik, weil eine stagnierende Wirtschaft, mit all den Problemen, die sie mit sich bringt, weniger inflationären Druck erzeugte als eine blühende Wirtschaft. Der Höhepunkt war 1984 erreicht, als die kurzfristigen Zinsen in den Vereinigten Staaten als Resultat einer unbarmherzigen, aber schließlich erfolgreichen Kampagne der Federal Reserve Bank

– die damit die Inflationsspirale unter Kontrolle bringen wollte – nie dagewesene 20 Prozent erreichten. Gleichzeitig verabschiedete man sich von der Vollbeschäftigung als vordringlichstem Ziel der nationalen Wirtschaftspolitik. Als Inflation zum Hauptfeind der Wirtschaft wurde, stiegen die »akzeptablen« – das heißt: erwünschten – Arbeitslosenraten von jenen zwei bis drei Prozent, die die Administration der Vereinigten Staaten während der sechziger Jahre vertreten hat, auf fünf und sechs Prozent in den achtziger Jahren. Ein vergleichbarer Wandel kam deutlich in der Steuer- und Finanzpolitik aller kapitalistischen Länder zum Ausdruck.

6

Welche Konsequenzen hatte die Keynesianische Ökonomie letztendlich auf die Politik des Kapitalismus? Die Frage müßte eigentlich lauten: Wie erfolgreich konnte die Interventionspolitik der Regierung die Vitalität des Wirtschaftssystems fördern?

Die Antwort ist nicht einfach. Obwohl Keynes gemäßigte Ansichten vertrat, wurde seine Ökonomie erst einmal als radikale Kritik am Kapitalismus verstanden, vor allem wegen seiner ausdrücklich formulierten Zweifel an den Fähigkeiten eines ungeförderten privaten Sektors, sich selbst erhalten zu können. Aber man kann den frühen Keynesianismus auch in einem anderen Licht sehen, nämlich als gewaltige Kraft zur Steigerung der Wirtschaftsstabilität und damit auch zur Mäßigung der politischen Stimmungen des Systems. Im Verlauf des anhaltenden Nachkriegsbooms wurde es immer schwieriger, eine relativ befriedigte Arbeitskraft für weitreichende Verbesserungen in einem Gesellschaftssystem zu interessieren, das bereits sehr gut funktionierte. Selbst in Staaten wie Schweden, die politische Maßnahmen zur Einkommensverteilung und sozialen Wohlfahrt ergriffen, war das Ziel dieser »sozialistischen« Maßnahmen immer nur, die äußeren Grenzen des liberalen Kapitalismus zu testen, und nicht, in das unsichere Terrain einer revolutionären postkapitalistischen Gesellschaft überzuwechseln. In der zweiten Phase der Nachkriegszeit wurde noch offensichtlicher, wie konservativ diese Wendung war. Ein erfolgreicher Keynesianismus wich einer chronischen, endemischen Inflation, und die politischen Gegenmaßnahmen der Regierungen wirkten sich sehr viel schmerzhafter auf die Arbeit als auf das Kapital aus. Also waren die frühen wie auch späteren Konsequenzen der Keynesianischen Ökonomie, daß sie, ungeachtet ihrer Reputation, die Interessen des Kapitals eher förderten als unterminierten und daß sie folglich einem konservativen und nicht einem radikalen politischen Zweck dienten.

Wie gesagt, ich finde nicht, daß die politischen Konsequenzen des Keynesianismus leicht abzuschätzen sind. Denn wenn es eine Überzeugung gibt, die im Mittelpunkt des Konservatismus steht, so ist es die, daß ein System als Ganzes dann am besten funktioniert, wenn es am wenigsten von der Regierung eingeschränkt wird. Genau das Gegenteil davon stellen wir fest, wenn wir uns den Höhepunkt wie den Untergang des Keynesianismus betrachten. In der ersten Periode wurde der Regierung die Verantwortung für das Wachstum zugeschrieben; in der zweiten war sie dafür verantwortlich, die Inflation aufzuhalten. In beiden Perioden war man allgemein davon überzeugt – was sich mehr in der Sprache des politischen Handelns als in der politischen Rhetorik ausdrückte –, daß die Regierung den Schlüssel für die Zukunft der Wirtschaft in Händen halte und daß ihr mögliches Versagen die Aussichten dieser Zukunft ernsthaft verschlechtern würde.

Das ist kein altmodischer Konservatismus. Vielmehr drückt sich darin jenes oft unbequeme Bewußtsein aus, daß der Wirtschaftssektor des Systems viel enger mit dem politischen Sektor zusammenhängt und viel abhängiger von ihm ist, als man zu glauben pflegte. Was wir erleben, ist, daß die politische Domäne in den ökonomischen Prozeß des Systems vordringt, wobei sie jedoch nicht von Ideologie, sondern von Notwendigkeit getrieben ist. Sie übernimmt auch nicht die Führungsrolle bei einer bewußten Neudefinition des Kapitalismus, sondern tritt aus dem Hintergrund hervor, um mit ihren Mitteln ihre eigene Zukunft zu sichern.

Meiner Meinung nach wird kein anderes Thema für das zukünftige System bestimmender sein als die Beziehungen seiner beiden Domänen zueinander. Ich glaube nicht, daß es eine »optimale« Mischung aus öffentlichem und privatem Bereich gibt. Im Gegenteil, ich bin sicher, daß die Konfiguration von Land zu Land verschieden sein wird, was wiederum von vielen Faktoren abhängt, nicht zuletzt vom jeweiligen »Nationalcharakter«. Vor einigen Jahren verglich der Soziologe Seymor Martin Lipset zwei Länder, die sich in vielen Aspekten ähnlich sind und einmal einer sehr ähnlichen Herausforderung gegenüberstanden, welche die Zukunft beider Länder stark prägen sollte. Diese Länder heißen Kanada und die Vereinigten Staaten, und ihre Herausforderung bestand darin, eine riesige Wildnis zu besiedeln. Aus diesem gemeinsamen Abenteuer tauchten zwei sehr unterschiedliche Typen von Nationalhelden auf. In Kanada war es die Northwest Mounted Police, in den Vereinigten Staaten der Cowboy.[33] Man kann kaum glauben, daß zwei Staaten, die so unterschiedliche Lehren aus so ähnlichen historischen Erfahrungen gezogen haben, schließlich imstande waren, das Problem der beiden Domänen auf die gleiche Weise zu lösen.

Wir werden noch öfter auf dieses wichtige Thema zu sprechen kommen. Vielleicht wäre es aber gut, dieses Kapitel zu beenden, indem wir daran erinnern, daß auch die öffentlich-privaten Beziehungen selbst nicht unverändert geblieben sind. Die Vereinigten Staaten, die sich heute so schwer tun, den öffentlichen Sektor als aktiven Partner bei der Revitalisierung des Kapitalismus zu betrachten, haben sich einst bereitwillig und vertrauensvoll an die Regierung als Kapitalquelle gewandt: im frühen 19. Jahrhundert, um ihr Netzwerk an

Kanälen anzulegen; später für die Finanzierung des riesigen Eriekanals und des noch riesigeren Panamakanals; wegen der Bürgschaft für ihr transkontinentales Eisenbahnnetz und, viel später, für das Interstate Highway System; wegen der Elektrifizierung ihrer ländlichen Gebiete; wegen ihrer Tennessee Valley Authority und ihres Manhattan Project; wegen ihrer Mondlandung; wegen ihres staatlichen Gesundheitswesens, und noch vieles mehr. Es gibt also mehr als eine nationale Tradition, auf die wir uns beziehen können. Wenn ich eine Vorhersage über die Zukunft des amerikanischen Kapitalismus im 21. Jahrhundert wagen würde, dann die, daß sein Erfolg davon abhängig sein wird, ob man in der Lage sein wird, den öffentlichen Sektor im Sinne von Adam Smith zu begreifen, nämlich als unverzichtbare Quelle für die Stärke der Privatwirtschaft, anstatt als unrentables Hindernis.

5
Die Marktwirtschaft

Wenn wir heutzutage vom Kapitalismus sprechen, neigen wir dazu, ihn »Marktwirtschaft« zu nennen, vor allem dann, wenn wir mit Menschen aus jenem Teil der Welt sprechen, in dem der Terminus »Kapitalismus« noch immer suspekt ist. Doch dieser Euphemismus ist töricht. Denn Märkte sind nur ein Teil des Kapitalismus und nicht das Ganze; und die Diskrepanz zwischen beiden ist sehr groß. Wir hätten keinerlei Schwierigkeiten gehabt, den afrikanischen Dorfältesten aus unserem ersten Kapitel zu erklären, was Märkte sind, denn aller Wahrscheinlichkeit nach sind sie in jedem Dorf ihres Landes zu finden. Aber wir hatten große Schwierigkeiten, ihnen zu erklären, wie eine Gesellschaft aussehen würde, in der die Märkte jeden Aspekt des ökonomischen Lebens bestimmen, bis hin zur Wahl der Aufgaben, die jedes Mitglied der Gesellschaft übernehmen soll. Denn ein solches »System« wäre nirgendwo in ihrem Land zu finden. Und selbst dieses System ist nur ein Teil des Kapitalismus. Wie die Bürger der ehemaligen Sowjetunion gerade konsterniert feststellen, macht eine Marktwirtschaft zwar Schluß mit den langen Schlangen vor Verkaufsläden, die zum Bestandteil des Lebens in der Planwirtschaft geworden waren, führt dafür aber eine neue Art von Schlangestehen ein, die es bislang nicht gegeben hat – nämlich die Schlangen von Arbeitslosen vor den Arbeitsämtern.

Der Kapitalismus ist also eine sehr viel größere und komplexere Entität als die Marktwirtschaft, die wir sein Äquivalent nennen. Und auch eine Marktwirtschaft ist größer und komplexer als die unzähligen individuellen Begegnungen zwischen Verbrauchern und Händlern, die die Moleküle der atomaren Struktur des Systems sind. Die Marktwirtschaft ist das grundlegende Mittel, um das Ganze zusammenzuhalten und zu koordinieren, aber weder sind die Märkte die Energiequelle des Kapitalismus noch die Quelle der für ihn charakteristischen bifurkalen Gewaltenteilung. Märkte sind die Leitungen, durch die die Energien des Systems fließen, und sie sind der Mechanismus, mit dem die private Domäne ihre Aufgaben ohne direkte Eingriffe der öffentlichen Domäne organisieren kann. Damit liegt nahe, daß es in diesem Kapitel unsere Aufgabe sein wird, den Teil vom Ganzen zu trennen und zu erfahren, wie dieser bemerkenswerte Mechanismus funktioniert – wobei wir nicht aus den Augen verlieren dürfen, daß das eigentliche Objekt unserer Untersuchung das Schicksal des Gesellschaftssystems ist, innerhalb dessen der Markt seine gewaltigen integrierenden und desintegrierenden Kräfte freisetzt.

Heutzutage ist nicht mehr viel von der »unsichtbaren Hand« zu hören, wie Adam Smiths wunderbare Metapher für die Marktwirtschaft lautete. Heute wird das System durch industrielle Manöver und grelle Reklamen nur allzu sichtbar, und »der Markt« selbst erfährt ein Maß an Bewunderung und Respekt, das Smith sicherlich sehr erfreut hätte. Diese Bewunderung ist die unmittelbare Konsequenz aus dem Desaster, das die Sowjetunion heimgesucht hat. In der ehemaligen Sowjetunion waren die einzigen Waren, die die Nachfrage decken konnten, im Grunde nur die spezifischen Produktionsgüter der Verteidigungsindustrien. Bei gewöhnlichen Waren, vor allem jenen, die für den Konsumenten gedacht waren, sah die Lage nicht so gut aus. Moskauer Konsumenten gingen »einkaufen«, nachdem sie das Gerücht gehört hatten, im Bekleidungsgeschäft in der Tschechow-Straße seien Hemden zu bekommen oder die Staatsbäckerei am Tolstoi-Prospekt habe Kuchen anzubieten. Oft fanden sie dann heraus, daß den

Hemden die Knöpfe fehlten und dem Kuchen der Geschmack. Ernstzunehmender war es, wenn bestimmte Waren, wie zum Beispiel medizinische Utensilien, so knapp wurden, daß die Todesfälle in den Kliniken alarmierend anstiegen; oder wenn Ersatzteile so schwer aufzutreiben waren, daß Fabriken gezwungen waren, ihren Bedarf selbst zu decken; oder wenn Exportgüter technologisch derart veraltet waren, daß sie nur noch an unterwürfige Handels-»Partner« verschickt werden konnten. Letzten Endes brach die sowjetische Wirtschaft aufgrund eines fehlenden Mikrosystems zusammen.[34]

Im Lichte der sowjetischen Erfahrung – die sich zu großen Teilen in allen osteuropäischen Staaten und auch im maoistischen China wie in Kuba finden läßt – kann es nicht weiter überraschen, daß der Markt heute nahezu vergöttert wird. Eine derzeit selbst unter vielen sozialistischen Ökonomen häufig anzutreffende Meinung ist, daß irgendeine Art von marktwirtschaftlichem System die grundlegenden Koordinationsmittel in den modernen Gesellschaften des 21. Jahrhunderts – welche Form diese auch immer annehmen mögen – festlegen wird. Das ist eine erstaunliche Kehrtwendung von der Position, die noch vor einer Generation vorherrschte, als die meisten Wirtschaftswissenschaftler glaubten, die Zukunft der ökonomischen Koordination liege in der Einschränkung des marktwirtschaftlichen Spielraums und beim Ausbau der zentralisierten Planwirtschaft. Aus Gründen, die ich gleich darlegen werde, glaube ich, daß das Pendel wieder in Richtung einer Aufgeschlossenheit für ein öffentliches Planungswesen zurückschwingen wird, wenn auch niemals wieder in dem Maße, in dem es vor noch gar nicht langer Zeit existiert hat.

Das führt uns zur Erörterung einiger Probleme, die wir nicht wirklich beurteilen können, solange wir uns nicht einem Thema gewidmet haben, das bislang zwar angedeutet, aber noch nicht erklärt wurde. Hier geht es darum, wie der Markt funktioniert. Und damit bekommen wir auch eine Antwort auf die ungläubige Frage der Dorfältesten, ob man sich bei einer von eigennützigen Motiven gelenkten Gesellschaft darauf verlassen könne, daß sie ihre Versorgungsbedürfnisse decken kann – ich bin sicher, dieser Zweifel kommt immer wieder auch in Gesprächen zwischen Führungspersönlichkeiten aus Entwicklungsländern mit Vertretern des Internationalen Währungsfonds und der Weltbank zum Ausdruck. Solange wir diese Frage nicht für uns selbst beantwortet haben, können wir uns auch nicht unserer weiter definierten Aufgabe zuwenden.

2

Ein Wirtschaftswissenschaftler würde uns erklären, daß Märkte das Mikrosystem einer Gesellschaft bilden. Mit Mikrosystem meint er das Äquivalent zur »unsichtbaren Hand«, welche den Menschen unter die Arme greift, um sie dazu zu bringen, einen gesellschaftlichen Zweck zu erfüllen, der niemals Teil ihrer bewußten Intention gewesen war. Der Wirtschaftswissenschaftler geht bei seiner Aussage – wie Smith – von der Annahme aus, daß »Maximierung« eine Vorstellung sei, die der menschlichen Natur innewohnt. Da erhebt sich aber augenblicklich die Frage, welche Vorstellung ebendiesem Zweck in einer Gesellschaft dienen könnte, die sich nicht sklavisch der Gewinnsucht verschrieben hat. Denn ohne eine solche gebieterische innere Verhaltensregel würde keine Marktwirtschaft funktionieren. Das Paradox der Märkte ist nicht, daß sie ein Universum aus Individuen systematisieren, die nichts anderes wollen, als »ihre Vermögen zu mehren«, sondern daß sie ausschließlich in einem solchen Universum funktionieren. Das Problem bei der Koordination einer Gesellschaft, die keine gewinnsüchtige Mentalität kultiviert, ist, daß ihr jenes Kräftefeld fehlt, welches einen vorhersagbaren Effekt auf die Verhaltensweisen ihrer Mitglieder ausübt. Das

90

wiederum führt zur schwierigen Frage, ob es ein anderes Kräftefeld gibt, das diesen Zweck ebenso erfüllen könnte wie die Gewinnsucht. Dieser Frage werden wir uns auf den letzten Seiten dieses Buches zuwenden.

Bislang sehe ich keinen Grund, zu bezweifeln, daß es genügend Gewinnsucht gibt, um die Marktwirtschaft anzutreiben – nicht zuletzt bestätigt uns dies der scheinbar unersättliche Appetit, mit dem Individuen danach streben, ihr persönliches Kapital zu mehren. Dies führt uns zu drei spezifischen Handlungsmustern, die zusammengenommen jenes Resultat ergeben, das unseren Dorfrat so verwirrt hat. Das erste dieser Muster heißt, daß Individuen jedem gangbaren Weg folgen werden, wenn er nur ihre ökonomischen Interessen bestmöglichst fördert. Das heißt, sie werden versuchen, die bestbezahlteste Arbeit für ihre Ausbildung zu bekommen, und sie werden jederzeit bereit sein, ihren Arbeitgeber und gelegentlich sogar ihren Beruf oder die Region zu wechseln, wenn es für sie eine Verbesserung bedeutet. Die vordringlichste Funktion einer Marktwirtschaft ist daher, Arbeit mit jenen Aufgaben zu verknüpfen, die die Gesellschaft erfüllen möchte. In der Tat kann eine Marktwirtschaft dort nicht existieren, wo es Barrieren gibt, die diese selbstmotivierte Kanalisierung von Arbeitskraft verhindern – was auch der Grund dafür ist, weshalb es ein solches System nicht in einer Gesellschaft aus Sklaven und Leibeigenen oder mit zentral zugewiesener Arbeit geben kann. Es ist mehr als nur reine Rhetorik, zu behaupten, der Markt sei zwingend mit einem System der natürlichen Freiheit verbunden.

Das zweite Muster betrifft ebenso die Kanalisierung von Leistung, diesmal aber hinsichtlich des Gebrauchs, den Arbeitgeber von ihrem Kapital machen. Auch sie werden aus Eigennutz die Produktion jener Waren und Dienstleistungen steigern, für die die größte Nachfrage besteht und die die höchsten Profite bringen werden; und sie werden die Produktion dort senken, wo Nachfrage und Profit relativ gering sind. Auf diese Weise wird Nachfrage analog zur Arbeit zu einer Art von Magnet für das Angebot und sichert derart ein Gleichgewicht zwischen beidem.

Diese beiden Auswirkungen der Marktwirtschaft sind einfach zu erkennen. Es ist das dritte Muster, das einiges Nachdenken erfordert. Hier geht es um den mörderischen Konflikt, der die Aktivitäten beider Seiten auf dem Markt beeinflußt – denn Konkurrenz entwickelt sich sowohl unter Anbietern wie unter Abnehmern. Auf dem Arbeitsmarkt wetteifern die Arbeitnehmer miteinander um die bestbezahlten Stellungen. Auf dem Produktmarkt wetteifern die Arbeitgeber um Anteile an der öffentlichen Kaufkraft. Die Konsequenz aber ist in allen Fällen, daß Preise wie Löhne und Profitraten auf das vorherrschende gesellschaftliche Niveau gedrückt werden sollen. Die Marktwirtschaft übernimmt also ihre eigene Wächterrolle gegenüber ungebührlich gierigen Forderungen und ausbeuterischen Ungerechtigkeiten. Merkwürdigerweise wird auch dieser Selbstüberwachungsprozeß aus eigennützigen Motiven angetrieben, obwohl er die unmittelbaren Gewinne sogar reduzieren kann. Ein Anbieter, der nicht bereit ist, einen überhöhten Preis zu senken, wird zugunsten eines anderen übergangen werden; ein Abnehmer, der sich nicht auf den gegenwärtigen Marktpreis einläßt, wird nicht in der Lage sein, das zu erwerben, was seine Konkurrenz kaufen kann.

Ich höre geradezu den Protest gegen dieses idyllische Bild vom Markt, aber ich kann versprechen, daß wir noch einen anderen, weniger unkritisch bewundernden Blick auf ihn werfen werden. Nur, bevor man kritisieren kann, muß man erst einmal verstehen. Daher möchte ich noch einige klärende Worte anfügen und die Funktionsweisen der zentralen Planwirtschaft und der Marktwirtschaft erläutern.

Nehmen wir einmal an, in beiden Gesellschaften bestehe eine bestimmte Warenknappheit, beispielsweise bei Schuhen. In einer Gebotsgesellschaft führt Warenknappheit zu Schlangen, die jene zufriedenstellen, die an ihrer Spitze stehen, und jene enttäuschen, die an ihrem Ende warten. Sie könnte auch dazu führen, daß das für die Produktion von Konsumartikeln zuständige Ministerium seinen Schuhe erzeugenden Sektionen die Anordnung erteilt, die Produktion zu steigern. Ich sage bewußt »könnte«, denn der Prozeß, einen Produktionsplan zu ändern, ist in einem bürokratischen System mit ziemlichen Schwierigkeiten befrachtet, weil ein großer Anreiz in diesem System darin besteht, die Dinge so zu lassen, wie sie sind: Nicht Laissez-faire ist einer der Slogans der Planwirtschaft, sondern eher Laissez-passer. In den dreißiger Jahren gab es eine berühmte Auseinandersetzung zwischen dem konservativen Ökonomen Ludwig von Mises und dem sozialistischen Ökonomen Oskar Lange, bei der es um die Aussicht für eine kohärente zentralisierte Planwirtschaft ging. Mises erklärte rundweg, daß ein solches System »unmöglich« sei, weil die Planer niemals jene Informationen sammeln könnten, die in einer Marktwirtschaft ständig und ohne jede Anstrengung auftauchten, nämlich durch »Preissignale«, die den Händlern auf dem Markt mitteilen, was sie zu tun haben. Lange behauptete hingegen, daß in einer Planwirtschaft genau dieselbe Information zur Verfügung stehe, und zwar in Form von Warenbeständen, die ansteigen würden, wenn das Angebot die Nachfrage übersteigt, und fallen, wenn die Nachfrage das Angebot übersteigt. Wenn die Warenbestände stiegen, würden die Planer wissen, daß die Angebote verringert werden müßten. Ergo müßten in der Folge jene Preise verringert werden, die den Lieferanten gezahlt werden, und jene erhöht, die die Konsumenten zahlen. Auf diese Weise würde man schließlich eine geringere Produktion erreichen. Wenn die Warenbestände fielen, würden die Planer das Umgekehrte tun – nämlich die Preise an die Lieferanten erhöhen und die der Konsumenten nachlassen. Also würden die Bestandsverzeichnisse den Planern genau dieselben Informationen verschaffen, die sie aus den Preissignalen einer Marktwirtschaft erhalten könnten.[35] Die Geschichte bewies zwar auf niederschmetternde Weise, daß Mises mit seiner Schlußfolgerung recht hatte, aber meiner Meinung nach bewies sie nicht, daß seine

Begründung richtig war. Der Feind war nämlich nicht der Informationsmangel – die Mitarbeiter des Planungsapparates in der Sowjetunion wußten sehr wohl, wann eine Knappheit (oder, im selteneren Fall, ein Überschuß) an Schuhen bestand. Was ihnen fehlte, war der Anreiz, irgendwas dagegen zu tun. Eigennützige Motive führten dazu, die Dinge auf sich beruhen zu lassen, und nicht dazu, etwas dagegen zu unternehmen. Also war der Feind – der tödliche Feind am Ende – die bürokratische Trägkeit der Planwirtschaft. Ironischerweise war es Lange, der schon geahnt hatte, daß dies die Crux sein würde: »*Die eigentliche Gefahr für den Sozialismus*«, schrieb er hervorhebend, »*ist die Bürokratisierung des Wirtschaftslebens.*« Aber er nahm dem Ganzen wieder die Schärfe, als er ohne Hervorhebung hinzufügte: »Unglücklicherweise sehen wir nicht, daß der monopolistische Kapitalismus diese oder eine noch größere Gefahr verhüten könnte.«[36]

Was Lange eigentlich hätte sagen sollen, wäre etwas anderes gewesen: Die Störanfälligkeit einer Kommandowirtschaft ist vor allem dem Fehlen eines Rahmens zu verdanken, der dazu beiträgt, Eigennutz in gesellschaftlich sinnvolle Aktivität umzusetzen. In diesem Sinne wollen wir uns jetzt der Marktwirtschaft zuwenden, wo wir ebenfalls eine Knappheit an Schuhen annehmen. Hier wird diese Knappheit eine ganze Reihe von Stimuli erzeugen, die in einem kontrollierten System nicht entstehen könnten. Drängende Anrufe aus den Schuhgeschäften veranlassen die Schuhfabrikanten zu einer Produktionssteigerung. Deren steigender Bedarf führt zu eiligen Telefonaten mit den Lederfabrikanten, um den Versand zu steigern; und dies wiederum führt zu Anrufen der Lederfabrikanten bei den Ankäufern auf den Rinderauktionen.

Diese aufgeregte Aktivität wird zu Preissteigerungen führen: zuerst bei der Auktion, dann bei Häuten und Leder und schließlich bei Schuhen. Mit der Steigerung der Produktionsmenge wird auch mehr Arbeit anfallen, vielleicht werden auch mehr Maschinen gebraucht. Es entsteht das Gerücht, daß die Schuhindustrie neue Stellen zu guten Lohnbedingungen ausschreiben wird. Die Warenlager sind wieder mit Schuhen gefüllt, aber sie sind teurer geworden. Die Konsumenten kaufen pro Jahr weniger als zuvor. Die Expansion der Schuhindustrie läßt langsam nach. Die Knappheit an Schuhen gehört der Vergangenheit an. Ein neues Produkt-, Lohn- und Preismuster hat die Schuhindustrie stabilisiert; die Telefonanrufe hören auf. Das Mikrosystem hat die Obergewalt, obwohl niemand auf allen Ebenen dieses Weges etwas anderes getan hat, als seinen eigennützigen Motiven zu gehorchen.

3

Es ist wichtig, sich daran zu erinnern, wie eine Marktwirtschaft theoretisch funktioniert, denn meistens funktioniert sie in der Praxis auf die mehr oder weniger gleiche Weise – wäre das nicht der Fall, dann wäre der Kapitalismus schon vor langer Zeit gescheitert. Ich sage bewußt »meistens«, denn die Märkte funktionieren auch dann, wenn wir uns dessen gar nicht bewußt sind – man könnte sogar sagen, daß sie dann am besten funktionieren. Solange die Märkte für Kohärenz und Systematik sorgen, sind wir uns ihrer Gegenwart genauso relativ unbewußt wie im Fall einer Planwirtschaft, die die meiste Zeit zufriedenstellend funktionieren würde. Ich muß hier wohl kaum betonen, daß sich die Märkte nicht automatisch mit der erwarteten Systematik verhalten. Im Gegenteil, von Zeit zu Zeit erregen sie unsere Aufmerksamkeit, weil sie eine höchst unsystematische Funktionsweise angenommen haben, beispielsweise bei einem Börsencrash oder wenn der Ölmarkt Amok läuft. Wir wollen nun betrachten, was der Grund dafür ist, daß die Märkte manchmal funktionieren und manchmal nicht.

Die vielleicht älteste Ursache der markterzeugten Probleme liegt darin, daß sie ihre Merkmale in einer Wirtschaft verändern, deren typische Betriebseinheiten nicht mehr kleine, anpassungsfähige Firmen sind, sondern große, auf Technologie »fixierte« Konzerne. Diese beiden, könnte man sagen, unterscheiden sich voneinander wie eine Sandburg von einer Stützkonstruktion. Es muß ziemlich heftiger Wind blasen, bis eine Sandburg ihre Form verliert, aber eine Stützkonstruktion, obwohl sie unvergleichbar größer und stärker als eine Sandburg ist, kann durch den Einsturz eines einzigen strategisch plazierten Balkens in sich zusammenfallen.

Kapitalistische Gesellschaften beginnen als Sandburgen und entwickeln sich zu Stützkonstruktionen. Diese Entwicklung ist das unmittelbare Resultat von Kapitalakkumulation: Nadelfabriken bilden sich im Laufe der Zeit zu Industriekonstruktionen von der Größe einer Kleinstadt heran. Smith war der Meinung, daß der Wettbewerbsprozeß im wesentlichen dazu bestimmt sei, das Gleichgewicht der Löhne innerhalb und zwischen den Berufszweigen und Unternehmen sicherzustellen und zu bewahren. Diese Vorstellung mag in den Zeiten von Nadelmanufakturen richtig gewesen sein, aber im Verlauf des 19. Jahrhunderts, als aus konkurrierenden Firmen große Textilfabriken, mechanisierte Kohlebergwerke und schließlich wahrhaft gigantische Konzerne wie die Eisenbahn wurden, verlor diese Vorstellung zunehmend an Bedeutung. Derartige Konzerne erforderten kostspielige Kapitalstrukturen, und diese Strukturen wiederum bürdeten den Unternehmen hohe feste Kosten auf, zum Beispiel Zinsen, die bezahlt werden mußten, um solvent zu bleiben. Resultat war ein mörderischer Konkurrenzkampf, der viele schwächere Firmen an die Wand drückte und sie schließlich zwang, sich billig von den Gewinnlern aufkaufen zu lassen. Später, als dieser mörderische Konkurrenzkampf zu teuer geworden war, führte der Wettbewerbsdruck schließlich zur Fusion von Konzernen und Kartellen. In den Vereinigten Staaten beispielsweise waren 1865 die meisten Firmen äußerst wettbewerbsfähig gewesen, und es gab keine einzige, die in irgendeinem Bereich dominierte. 1904 kontrollierten ein bis zwei Mammutkonzerne zumindest die Hälfte der Produktion von 78 verschiedenen Industrien.[37]

So wurde also die Eigendynamik des Wettbewerbs zur Hauptquelle der Transformation von einer atomisierten in eine strukturell von Stärke wie Anfälligkeit geprägte Wirtschaft. Alfred Chandler hat aufgezeigt, wie unterschiedlich nationaler Kapitalismus mit der bedrohten industriellen Stabilität, die sich aus dieser Situation ergeben hat, umgegangen ist: In einigen Fällen wurden umständliche Arrangements getroffen, die nicht viel mehr beinhalteten, als leben und leben lassen; in anderen Fällen suchte man Zuflucht bei Kartellen, wofür Regierungen in unterschiedlichem Maße ihre stillschweigende oder ausdrückliche Zustimmung gaben.[38] Wie wir bereits gesehen haben, ist dieses Problem mittlerweile noch komplexer geworden, da die ineinander verflochtene Weltwirtschaft das Wettbewerbsgebiet über staatliche Grenzen hinaus erweitert hat. Die 350 Konzerne, deren Absätze zusammengenommen ein Drittel des gesamten Bruttosozialprodukts der industrialisierten Welt ausmachen, sind gigantische Tragebalken der weltkapitalistischen Konstruktion und damit auch eine neue Quelle für die potentielle Instabilität einzelner nationaler Wirtschaftssysteme. Es stehen heutzutage keine effektiven Mittel zur Verfügung, um die Produktion eines einzelnen Staates zu schützen, falls die transnationale Konstruktion zu wackeln beginnt. So gesehen sind wir heute bei dem Versuch, einen bestimmten Produktionsausstoß aufrechtzuerhalten, der von außen bedroht wird – beispielsweise Autos – in einer ähnlich hilflosen Lage, wie wir es in den dreißiger Jahren waren, als wir versuchten, den Produktionsausstoß aufrechtzuerhalten, der von innen bedroht wurde.

Unregelmäßigkeiten bei den Märkten entstehen nicht nur durch die immer stärkeren Stützkonstruktionen der Produktion. Sie können auch aus rein psychologischen Gründen auftreten. Nehmen wir einmal an, eine Knappheit auf dem Getreidemarkt würde die Preise in die Höhe treiben. Normalerweise würden diese höheren Preise mehr Getreide vornehmlich aus Importen auf den Markt bringen, während sie gleichzeitig die Ursache dafür wären, daß der Getreideverbrauch zurückgeht. Das Mikrosystem wäre einfach wiederherzustellen. Doch nun stelle man sich vor, den Getreidehandel würde die Nachricht von einer möglichen Dürrekatastrophe erreichen. Es werden hochfliegende Hoffnungen in die zukünftigen Getreidepreise gesetzt. Die Anbieter werden ihre eigennützigen Motive nicht mehr darauf konzentrieren, das Getreide zu äußerst günstigen Preisen zu verkaufen – wie noch am Morgen des gleichen Tages –, sondern werden ihr Angebot so lange zurückhalten, bis sich die Preise ihren Erwartungen entsprechend erhöht haben. Die Ankäufer werden sich nicht von den augenblicklich hohen Preisen abschrecken lassen, sondern ihre Lager füllen, bevor die Dinge noch schlechter werden. Das Ergebnis ist das genaue Gegenteil dessen, was uns die Schulbücher lehren: Die Knappheit wird schlimmer, nicht besser.

Wann immer die Erwartungshaltung eine Verschlechterung der augenblicklichen Lage avisiert, wird der Markt keine ausgleichende, sondern eine labilisierende Wirkung zeigen. Was als Fehlanpassung von Angebot und Nachfrage begann, wird einer zunehmenden Verschlechterung unterliegen. Man kann sagen, daß alles, was sich ungünstig auf die Massenpsychologie auswirkt, auch die Auswirkungen von Eigennutz ins Gegenteil verkehrt und bislang Systematik erzeugende Handlungen in solche verwandelt, die Unregelmäßigkeit erzeugen. Genau solcher Unregelmäßigkeit standen wir in den dreißiger Jahren gegenüber, als die Getreidemärkte den Boden verloren, weil die Farmer eiligst verkauften und die Ankäufer mit den Händen in den Hosentaschen herumstanden. Ein ähnlicher Prozeß ist auch während einer Inflation zu beobachten, wenn sich die Anbieter jede Menge Zeit mit dem Verkauf lassen und die Ankäufer gar nicht eilig genug kaufen können und damit Öl auf das Feuer der Inflation gießen.

Dieser letzte Punkt führt uns aus dem Kontext der Mikro-Unregelmäßigkeit zu den Problemen einer wirtschaftsweiten

Makro-Unregelmäßigkeit, die eine eigene Betrachtung verdient. Viele Jahre lang glaubten Wirtschaftswissenschaftler, daß die Märkte das gesamte Beschäftigungsniveau ebenso unproblematisch regulieren würden wie das Produktionsniveau einzelner Waren. Würde das Stellenniveau zu niedrig werden, dann würde der Markt die Probleme beheben, da die Löhne fallen, wenn Arbeitslose um Stellen konkurrieren. Wenn die Löhne fallen, würde es für die Arbeitgeber profitabel werden, mehr Leute einzustellen. Also würde der Markt das Ungleichgewicht zwischen Angebot und Nachfrage von Arbeit ebenso effektiv regulieren wie bei jeder anderen Art von Ware. Unter den mehr oder weniger gleichen Prämissen wurde auch davon ausgegangen, daß der Markt alle Rücklagen der Investition zuleiten würde und daß die Zinssätze auf dem Kapitalmarkt dieselben Funktionen erfüllen würden wie das Lohnniveau auf dem Arbeitsmarkt.

Es sei jedoch nochmals betont, daß Erwartungshaltungen diesen systematischen Prozeß stören können. Als Keynes die Wirtschaftswelt der dreißiger Jahre mit seiner Behauptung in Aufruhr versetzte, daß der Marktmechanismus die Wirtschaft nicht notwendigerweise in die Vollbeschäftigung führen würde, war sein eindrucksvollstes Argument, daß das Streben nach Vollbeschäftigung genau den gegenteiligen Effekt habe, wenn Erwartungshaltungen das Preisniveau bestimmen. Keynes fordert uns auf, darüber nachzudenken, wie sich die Nachfrage nach den jeweiligen Produktionsgütern von Arbeitgebern verändern würde, wenn diese feststellen würden, daß überall in der Wirtschaft die Löhne fallen. Würden sie angesichts einer aussichtslosen Zukunft noch weitere Arbeitskräfte einstellen? Würden sie es noch riskieren, Gelder in Kapitalprojekte zu investieren, selbst wenn sie günstige Kredite dafür erhalten könnten? Die Wirtschaft wird immer versuchen, Angebot und Nachfrage bei Arbeit und Krediten im Gleichgewicht zu halten. Doch der Punkt, an dem dieses Gleichgewicht erreicht ist, wäre nicht derselbe, wenn die Entwicklung von Erwartungshaltungen bestimmt ist.

Man kann also sagen, daß wechselnde Erwartungen das Ergebnis verändern, zu dem das Maximierungsverhalten führt. Wer die Marktmechanismen für die unanfechtbare Basis aller kapitalistischen Prozeduren hält, kann hier unliebsame Überraschungen erleben. Kritiker des Marktes haben schon lange behauptet, daß eine Gesellschaft, deren wirtschaftliche Aktivitäten vom Markt bestimmt werden, zum Höfling des Reichtums und zum stummen Betrachter der Armut wird. Folglich wird es immer eine moralische Anfälligkeit jenes Mikrosystems geben, das der Markt produziert. Mittlerweile wissen wir, daß es auch beim Makrosystem ein aus marktwirtschaftlichen Überlegungen resultierendes Problem gibt. Der fehlende Faktor ist hier nicht die Moral – unter gewissen Bedingungen könnte die Nachfrage des Marktes nach Arbeit größer sein, als die Arbeitnehmer anzubieten bereit sind. Es gibt noch eine andere Art Anfälligkeit. Im eben erwähnten Fall wird der Markt ebenso eine Kostendruckinflation produzieren wie unter dem Einfluß von Erwartungshaltungen, die, wie Keynes schrieb, Arbeitslosigkeit produzieren. Keine der beiden Situationen ist geeignet, ein starkes und regelmäßiges Wachstum hervorzubringen. Und beide werden faktisch jene Schwierigkeiten entwickeln, über die wir im letzten Kapitel gesprochen haben: Die Funktionsweisen der privaten Domäne werden Unregelmäßigkeiten erzeugen, die schließlich den Ruf nach staatlicher Abhilfe nach sich ziehen werden.

4

Damit kommen wir zum vielleicht universellsten und überraschendsten all der Einflüsse, die die Marktwirtschaft auf den Kapitalismus ausübt. Hier geht es um die ständigen Auswirkungen des Marktes, ob er nun still und systematisch funktioniert oder lärmend und unregelmäßig – Auswirkungen, die uns manchmal nur allzu bewußt sind, aber häufiger nicht einmal von uns bemerkt werden.

Im allgemeinen werden diese vom Markt verursachten Auswirkungen auf unser Wohlergehen »externe Effekte« genannt. Ein Beispiel dafür ist Pittsburg, dessen Einwohner immer höhere Reinigungs- und Gesundheitskosten bezahlen mußten, bevor die Umweltverschmutzung durch die Stahlwerke unter Kontrolle gebracht wurde. Diese Kosten sind insofern auf »externe Effekte« zurückzuführen, als sie durch Umweltverschmutzung verursacht wurden und die wiederum von ihr verursachten Kosten – anders als die »internen« Kosten für Arbeit und Rohmaterialien, die von den Werken getragen werden – auf Individuen abgeschoben werden, die dem Produktionsprozeß als Außenstehende gegenüberstehen. Den Stahlproduzenten fehlt jeglicher Anreiz, ihre Umweltverschmutzung zu reduzieren, da sie die Reinigungs- oder Gesundheitskosten, die durch ihre Produktionsweise nötig geworden sind, nicht tragen müssen.

Dementsprechend dient der Marktmechanismus eben nicht genau dem Zweck, den er angeblich erfüllen soll – nämlich die Gesellschaft exakt über die relativen Kosten zu informieren, die durch bestimmte Produktionsverfahren entstehen. Angenommen beispielsweise, es gäbe zwei Möglichkeiten, Stahl zu produzieren. Eine davon wäre sehr sauber, aber teuer, die andere schmutzig, aber billig. Der Wettbewerb wird die Hersteller zwingen, den billigeren Weg zu wählen, und ein unerfahrener Beobachter wird behaupten, daß der Markt damit der Gesellschaft geholfen habe, die Effizienz ihrer Betriebe zu erhöhen. Es könnte sich aber auch herausstellen, daß das saubere Verfahren auch das billigere wäre, nämlich dann, wenn die Reinigungs- und Gesundheitskosten zu den Produktionskosten addiert werden würden. Wenn dies der Fall wäre, hätten die externen Effekte die Gesellschaft in die falsche Richtung gelenkt, also zu einer Entscheidung für mehr Ineffizienz anstelle von Effizienz.

Gerade sprach ich davon, daß dies vielleicht die universellsten und überraschendsten Einflüsse sind, die die Marktwirtschaft ausübt. Eine kurze Reflexion wird zeigen, weshalb das so ist. Es gibt effektiv kein Produktionsverfahren, das nicht auch einige externe Effekte zeigte, seien es gute oder schlechte. Ein Individuum baut ein häßliches Haus und senkt somit den Wert des Eigentums in seiner Straße. Ein Konzern entwickelt ein neues Produkt bis zur Vollkommenheit und eröffnet dadurch seinen Verbrauchern neue Perspektiven – transformatorisches Wachstum ist in hohem Maße eine Frage von günstigen externen Effekten. Ein Staat erfreut sich eines starken Wirtschaftswachstums und beschleunigt damit den globalen Erwärmungsprozeß.

Alle äußeren Produktionskosten und -nutzen in Rechnung zu stellen ist beinahe unmöglich. Doch tun wir es nicht, kann unsere Einschätzung dieser Kosten und Nutzen entschieden falsch sein. Der übermäßige Kahlschlag von Wäldern, das Leerfischen von Meeren oder der übertriebene Verbrauch von Benzin sind Beispiele dafür, daß man versäumt hat, die vollen Produktionskosten unterschiedlicher Waren in ihre Preise einzubeziehen. Auch Adam Smith war über einen externen Effekt besorgt, als er über die geisttötenden Auswirkungen klagte, die die Arbeitsabläufe auf die Arbeiter hatten, aber er wäre noch besorgter gewesen, hätte er die sozialen Kosten in Rechnung gestellt, die ein solch externer Effekt auferlegte. Also unterminieren diese externen Effekte eine allseits gerühmte Funktion des Marktes, nämlich alle Angebote ihrem vernünftigsten Verbrauch zuzuführen. Noch bezeichnender vielleicht: Sie beweisen, daß als Vernunftskriterium nicht die Maximierung des Gemeinwohls gilt, sondern die des privaten Profits; und daß beides keinesfalls immer das gleiche oder wenigstens fast das gleiche bedeuten muß, zeigt, daß der Markt keine Möglichkeiten hat, jene »Nebeneffekte« der Produktion aufzufangen oder einzubeziehen, die seinem eng begrenzten Blickwinkel entgehen.

Es gibt noch einen weiteren und bislang nicht angesprochenen Effekt des Marktes – ein externer Effekt, der eher unser moralisches als unser physisches Wohlergehen betrifft. Ich spreche von seinem Einfluß auf unsere Kultur. Allgemein wird beklagt, daß die Konsequenzen der Marktmentalität die Ethik des Eigennutzes fördern, was zweifellos auch der Fall ist. Aber diese Mentalität hat auch weniger offensichtliche und daher vielleicht auch heimtückischere Konsequenzen. Der Soziologe Michael Schudson hat unseren Alltag, der uns ständig mit lächelnden Gesichtern konfrontiert, die uns Autos und Shampoos anpreisen wollen, mit dem Alltag ehemaliger Sowjetbürger verglichen, die sich begeisterten Lobpreisungen der Kohle- und Traktorenproduktion ausgesetzt sahen.[39] Der Unterschied ist natürlich, daß die sowjetische Propaganda Produkt eines geplanten und bewußten Versuchs war, den Bürgern allmählich kulturellen Patriotismus einzuflößen, wohingegen kapitalistische Werbung nur das Produkt eines unkoordinierten und chaotischen Bemühens ist, Waren zu verkaufen. Der Effekt ist jedoch mehr oder weniger derselbe. Als öffentliche Stimme des privaten Sektors ist Werbung die Propaganda der Marktwirtschaft, wie Propaganda die Werbung des zentralistischen Systems ist.

Schudsons Bewertung hilft, uns klarer darüber zu werden, in welcher Art Welt wir leben. Ebenso wichtig, vielleicht sogar noch wichtiger sind die einzelnen Aspekte der kulturellen Konsequenzen, über die wir uns sehr viel weniger klar sind. Einer davon ist, daß wir dazu tendieren, nur das als »Produktion« zu betrachten, was verkaufbare Güter sind. Damit versperren wir uns den Blick auf die Güter des Gemeinwohls, wie Ausbildung oder Gesundheitsfürsorge, an deren Beitrag zu unserem Wohlergehen wir nicht permanent erinnert werden. Sogar die Wirtschaftswissenschaftler, die es besser wissen sollten, legen der nationalen Produktionsmenge permanent einen solchen doppelten Maßstab an. In den offiziellen Schätzungen der Wirtschaftsproduktion eines Staates finden wir die privaten Aktivitäten in zwei Kategorien aufgeteilt: in »Konsumtion« und »Investition«, wobei die zweite Kategorie immer wieder als der Brennpunkt des Wirtschaftswachstums hervorgehoben wird. Aber dieselben offiziellen Schätzungen teilen die »öffentlichen Ausgaben« nicht in einzelne Kategorien von öffentlicher Konsumtion und öffentlicher Investition ein. Vielmehr werden die gesamten öffentlichen Ausgaben als Konsumtion behandelt, wodurch beispielsweise der Bau eines Staudamms oder die Einrichtung einer staatlichen Forschungsinstitution so behandelt wird, als hätten sie keine anderen Einflüsse auf den Wachstumsprozeß als Abgeordnetendiäten oder die Zinslasten der Staatsverschuldung. Umgekehrt aber wird der Bau von Casinos in Atlantic City oder Reno als produktivitätssteigernde Maßnahme betrachtet, weil Bauaktivitäten im privaten Sektor der »Investition« zugeordnet werden, ohne Rücksicht darauf, was gebaut wird.

In dieser Fehlbeurteilung kommt die marktorientierte Betrachtungsweise des ökonomischen Prozesses zum Ausdruck, die jede profitbringende Aktivität als wachstumsfördernd ansieht und jede Aktivität, die keinen Profit verspricht, als einen im wesentlichen unproduktiven, wenn auch vielleicht notwendigen Energieaufwand. Resultat ist eine äußerst tendenziöse Kalkulierung der nationalen Leistungen oder der Vorschläge für die Leistungssteigerung. Das Vokabular, mit dem wir die Leistungen einer Wirtschaft bewerten, ist immer mit den Prärogativen jenes Gesellschaftssystem befrachtet, dem diese angeblich objektive Bewertung gilt. Smith wies noch vor Marx darauf hin, daß uns »Effizienz« blind machen würde für ihre Kosten, zu denen beispielsweise die Entwürdigung des Arbeiters gehört, und E. F. Schumacher ging noch einen Schritt weiter, indem er belegte, daß Arbeit in einer »buddhistischen« Wirtschaft nicht als »Input« in den Produktionsprozeß, sondern als dessen »Output« betrachtet wird.[40]

Gegen einige dieser markterzeugten Probleme gibt es Heilmittel, aber nicht gegen alle. Regulation ist eines davon – die Regierung verbietet Pestizide, die zwar profitabel, aber schädlich im Verbrauch sind. Auch Steuern und Subventionen können dazu genutzt werden, negative externe Effekte zu begrenzen, die dann entstehen, wenn man nur dem Pfeil folgt, der in Richtung des wirtschaftlichen Vorteils zeigt. Im Grunde muß man nur die Richtung ändern, in die dieser Pfeil weist. In einigen Fällen können diese Maßnahmen außerordentlich effektiv sein, wie die drastischen Maßnahmen zur Luftverbesserung in Pittsburg gezeigt haben; in anderen Fällen sind sie sehr viel weniger effektiv, beispielsweise bei dem Versuch, die durch Abgase verursachte Umweltverschmutzung einzudämmen. Auch gibt es von Staat zu Staat unterschiedliche Behandlungsweisen dieser Auswirkungen der marktwirtschaftlichen Kultur. Schweden hat sich vehement gegen die Nebeneffekte zur Wehr gesetzt, die eine ungehinderte Kommerzialisierung auf moralische Werte ausübt; Japan steht ihnen indifferent gegenüber; und wir sind halb amüsiert und halb entsetzt.

Es gibt also keine spezifische oder einfache Formel, mit der man darstellen könnte, auf welche Weise diese externen Effekte unter Kontrolle gehalten werden können und auf welche nicht. Technologische Erwägungen, die politische Haltung der betroffenen Konzerne und die jeweilige nationale Sensibilität spielen eine große Rolle, um in der Lage zu sein, das Ausmaß zu bestimmen, in dem wir sowohl Opfer als auch Nutznießer der Marktdynamik sind. So gesehen werden die externen Effekte zu einem weiteren Schwerpunkt, an dem der Grenzkrieg zwischen der privaten und öffentlichen Domäne ausgetragen wird. Da die Industrie zum großen Teil, wenn auch nicht vollständig, in der privaten Domäne produziert, entstehen dort auch die meisten externen Effekte; und da sich deren Kosten in erster Linie als Kosten für den einzelnen Bürger niederschlagen, wird die Entschädigung zum Handlungsbedarf der öffentlichen Domäne. Hier stellt sich die entscheidende Frage, ob sich die Kontrolle von negativen externen Effekten zu stark spaltend auf den gesamtwirtschaftlichen Prozeß auswirken könnte. Es ist sehr viel einfacher, sich die rigorose Kontrolle von selbstverursachten Emissionen vorzustellen als ein Mittel gegen die moralischen Konsequenzen der Teilung des Arbeitsprozesses, die Smith so große Sorgen machte.

Die entscheidende Frage der Zukunft wird daher sein, ob wir das Ausmaß einschätzen können, in dem Wirtschaftswachstum und Stabilität durch marktwirtschaftliche Prozesse bedroht werden könnten, und wie wahrscheinlich es ist, daß die Mißerfolge des Marktes von den politischen Fähigkeiten einer Gesellschaft aufgefangen werden können, deren Vitalität in der Kapitalakkumulation liegt. Wie so oft kann man auch hier kaum mehr als spekulieren, inwieweit technologische Entwicklungen die externen Effekte zum Guten oder Schlechten mitbestimmen werden; oder welche politischen Hebel diejenigen einsetzen werden, die diese externen Effekte des Marktes verursachen oder von ihnen betroffen sind; oder in welchem Ausmaß sich die Gesellschaft mit dem Versagen des Marktes auseinandersetzen wird. Doch zwei Trends scheint es zu geben, die mit Sicherheit Druck ausüben werden, damit man sich den Problemen stellt, die durch die Dynamik des Marktes entstehen. Einer dieser Trends, der bereits öfters erwähnt wurde, ist die wachsende Spannung zwischen den Geboten einer weltwirtschaftlichen Integration und den Gegengeboten der politischen Präferenzen im Rahmen dieser Integration. Obwohl das Ergebnis dieses Konflikts noch ungewiß ist, so zeigt doch allein die Tatsache, daß dieser Konflikt aufgetreten ist, eine Neubewertung der Widersprüche, die die Dynamik der Marktwirtschaft und ihre Konsequenzen hervorrufen.

Der zweite Trend betrifft das Thema der globalen Erwärmung. Die meisten Staaten streben heutzutage nach Wirtschaftswachstum, sei es nun aus profitorientierter Motivation, aus Gründen der Macht oder um gesellschaftlichen Wohlstand zu erreichen. Wirtschaftswachstum hängt größtenteils von der Industrialisierung ab, vor allem im unterentwickelten Teil der Welt, in dem fünf Sechstel der Weltbevölkerung ein Sechstel ihres Wohlstands genießen. Industrialisierung hat ihrerseits den Ausstoß von Kohlendioxyd zur Folge, dessen Gas in die Atmosphäre aufsteigt, wo es sich mit einer unsichtbaren Glaskuppel verbindet, die die solare Hitze innerhalb der Atmosphäre einfängt. Ohne diese Glaskuppel würde die Menschheit vor Kälte zugrunde gehen; doch innerhalb des Treibhauses selbst steigt durch den Zusatz von Kohlendioxyd die Temperatur der Atmosphäre allmählich an.

Paul Kennedy schreibt dazu folgendes:

»Es besteht wissenschaftlicher Konsens, daß die globalen Durchschnittstemperaturen um 0.3°C bis 0.7°C wärmer geworden sind, als sie vor einem Jahrhundert waren. Dieser Anstieg ist noch relativ gering, doch die eigentliche Sorge gilt der wachsenden Geschwindigkeit dieser Temperaturzunahme im *kommenden* Jahrhundert, vor allem deshalb, weil sowohl die Weltbevölkerung als auch die industriellen Aktivitäten zunehmen. Es wird geschätzt, daß doppelte CO_2-Werte bis Mitte des 21. Jahrhunderts einen durchschnittlichen Temperaturanstieg von 1.5°C bis 4.5°C verursachen werden. Der Unterschied zwischen den ›niedrigen‹ und den ›hohen‹ Zahlen ist beträchtlich, aber selbst bei einer Kompromißzahl von 2.5°C oder 3.0°C gehen die meisten Fachwissenschaftler von ernsthaften Folgen aus, [darunter] ... der Anstieg des Meeresspiegels, eine brachliegende Landwirtschaft, rückgängige Wassermassen, zunehmende Gesundheitsrisiken (Hautkrebs, Smog in den Städten), turbulenteres Wetter, soziale Spannungen ... All dies legt nahe, daß Industriestaaten wie Entwicklungsländer allen Grund haben, über die globale Erwärmung besorgt zu sein.«[41]

Kennedys Betonung liegt auf den politischen Unruhen, die sich aus den Spannungen ergeben könnten, welche durch die klimatischen Veränderungen verursacht werden. Aus unserem Blickwinkel betrachtet, sehen wir darin eine Herausforderung an die Entwicklungsfähigkeit des kapitalistischen Systems. Der Treibhauseffekt setzt dem Akkumulationsprozeß, von dem die Lebensfähigkeit des Systems abhängt, offensichtliche Grenzen. Aber vielleicht noch unmittelbarer stellt er die Zweckdienlichkeit des Marktes als Koordinationsmechanismus des Gesellschaftssystems in Frage. Die Veränderungen der klimatischen Bedingungen ergäben einen externen Effekt gigantischen Ausmaßes. Hitze, die durch einen industriellen Prozeß entsteht, bleibt nicht innerhalb der Grenzen des Verursacherlandes, sondern wirkt sich überallhin aus. Welche Folgen wird das auf die Einstellung der reichen Staaten gegenüber der Industrialisierung von ärmeren haben? Wie wird sich die Einstellung der ärmeren Staaten gegenüber den reichen Ländern entwickeln, deren Industrieausstoß weiterhin Verursacher der überwiegenden Menge von Kohlenstoffemissionen bleiben wird, selbst wenn diese eingedämmt werden könnten? Der Entschlußmechanismus wird politisch sein müssen, vielleicht auch militärisch – ein Bereich, in dem, wie wir uns erinnern sollten, der Westen nicht alle Trümpfe in Händen hält. Diese Aussicht liefert einen weiteren, vielleicht den wichtigsten Grund, um davon ausgehen zu können, daß der Marktmechanismus im 21. Jahrhundert nicht nur in einzelnen kapitalistischen Staaten, sondern über alle Staaten hinweg ganz sicher durch eine gewisse Art von Planungsstruktur ergänzt und in manchen Bereichen sogar von ihr verdrängt werden wird. Vielleicht sollten wir diese Schlußfolgerung angesichts der bis heute noch nicht gefundenen Mittel, in das transnationale Wirtschaftssystem einzudringen, umformulieren: Diese Aussichten liefern einen weiteren, vielleicht den wichtigsten Grund, um davon ausgehen zu können, daß, wenn der Marktmechanismus im 21. Jahrhundert nicht durch eine gewisse Art von Planungsstruktur ergänzt und in manchen Bereichen ersetzt werden wird, uns die Geschichte wieder einmal bestrafen wird, weil wir keine Lehren aus ihr gezogen haben.

6

Szenarien für die Zukunft

I

Ich sagte zu Beginn, daß ich nicht so töricht sein würde, großartige Vorhersagen über die Zukunft zu wagen. Das heißt
aber nicht, daß ich mich zum Schweigen verdammt habe, wo
es um die Aussichten für die Gesellschaft geht, in der unsere
Kinder und Kindeskinder leben werden. Obwohl man über
den Kapitalismus des 21. Jahrhunderts nicht mit jener Klarheit und wissenschaftlichen Genauigkeit sprechen kann, die
das Wort »Vorhersage« transportiert, so kann man sich doch
Gedanken über die Szenarien machen, auf die die großen Ökonomen die Langzeittrajektorien des Systems projiziert haben.

Der Begriff Szenarium entstammt dem Drama. Auf unseren
Zweck angewandt, impliziert er, daß die Zukunft eher der Abfolge von Entwicklungen als Zufällen unterworfen ist – daß
sie sich nicht aus unerkennbaren oder unvorhersehbaren Ursachen herleitet, sondern der Fortsetzung von Tendenzen unterliegt, die in den Strukturen und Motiven der Gesellschaft
bereits vorhanden sind. Deshalb ist die Beschäftigung mit Szenarien, trotz ihrer dem Drama entnommenen Aspekte, mit lo-
gisch-analytischen Vorgehensweisen vergleichbar – übrigens
entsteht die oft tragische Note dieser Aspekte durch das Gefühl, daß allem eine unbestimmte Macht zugrunde liegen und
den Lauf der Dinge bestimmen würde. Gerade Szenarien, welche hier auf die ökonomische Zukunft bezogen sind, vermitteln die eindringliche Botschaft, daß diese Zukunft in erster
Linie von den »Funktionsweisen« eines Systems abhängt und
nicht von der Wahrung uralter Traditionen oder von der Ein-
haltung politischer Gebote. So betrachtet wird auch die Tat-

sache, daß Vorhersagen unverläßlich sind, weniger bedeutend als die Tatsache, daß die Möglichkeit einer solchen Untersuchungsmethode überhaupt besteht. Die Ökonomie wird es uns zwar nicht ermöglichen, das Schicksal des Kapitalismus im 21. Jahrhundert vorherzusehen, aber wir dürfen bei keiner Einschätzung dieses Schicksals die ökonomischen Kräfte ignorieren, die es entscheidend bestimmen werden.

Szenarien sind auch noch aus einem anderen Grund ein dramatischer Begriff. Sie verbinden einen großen analytischen Rahmen mit äußerst persönlichen »Visionen«, die immer von den Motiven und den Fähigkeiten des jeweiligen Analytikers geprägt sind.[42] Es besteht zunehmend Konsens, daß dieser visionäre Aspekt gerade deshalb entsteht, weil eine Analyse, wie objektiv und logisch sie auch sein mag, immer bei »Fakten« und deskriptiven Beobachtungen ansetzt, die bereits von bewertenden Beurteilungen gefärbt sind. Scheinbar neutrale Worte wie »Arbeit«, »Kapital« und »Regierung« haben für jeden von uns moralische und politische Konnotationen, derer wir uns für gewöhnlich kaum bewußt sind, die aber dennoch eine entscheidende Rolle bei unseren angeblich neutralen Analysen spielen. Aus diesem Grund dienen Szenarien einerseits als Hilfsmittel bei der Formulierung von individuellen moralischen und politischen Orientierungen, andererseits als Übung für die Erforschung unbestimmter Prozesse. Darin liegt einerseits ihre bedauerliche Schwäche, andererseits sind sie ein unvermeidlicher Bestandteil der gesellschaftswissenschaftlichen Forschung. Die Präsenz eines Wertesystems in einer analytischen Prozedur verleiht der Analyse ein historisches Gewicht, das sie anderenfalls nicht hätte. Dadurch wiederum erfüllt sie einen existentiellen Zweck – nämlich Antworten auf eine Frage zu finden, die sonst unbeantwortet bleiben müßte: *Welche Auswirkungen hat dieses feierliche historische Versprechen?* Wir können uns mit vielen Antworten auf diese uralte Frage arrangieren, darunter auch tragischen, aber eine Antwort wäre unerträglich: Schweigen. Szenarien für die Zukunft können diese Lücke füllen.

Wie wirken sich die Szenarien der Vergangenheit auf unsere Einschätzung der Zukunft aus? Ein Aspekt fällt uns sofort auf: Fast alle von ihnen malen ein düsteres Bild der Zukunft des Kapitalismus. Die unterschiedlichen Gründe für diese düsteren Szenarien werden wir gleich erfahren. Die Schlußfolgerung, die wir aus ihnen ziehen können, lautet jedoch für alle gleich, nämlich daß wir aus ihrer genauen Betrachtung etwas lernen können.

Ich schlage vor, wir beginnen mit einem Szenarium, das uns inzwischen ziemlich vertraut ist. Es geht um Adam Smiths »System der natürlichen Freiheit«. Wie wir wissen, ging Smith davon aus, daß dieses System zunehmenden Wohlstand für alle Mitglieder dieser Gesellschaft bringen würde. Andererseits aber hat er auch erwartet, daß dieses System seine »Reichtümer« nach einer gewissen Zeit so »vollendet« akkumuliert hätte, wie es seine Ressourcen und geographische Lage nur zulassen würden. An diesem Punkt würden Akkumulation und damit auch der Wachstumsprozeß zum Ende kommen. Die lang ansteigende Linie würde daraufhin abfallen, und eine ständig wachsende Bevölkerung müßte immer weniger Produktionsgüter unter sich aufteilen.

Zweifellos war Smiths Szenarium ebenso fern in die Zukunft vorgelagert wie der Beginn einer ernsthaften ökologischen Wachstumsgrenze in unserer Vorstellung. Dennoch ist seine Analyse der Wachstumsperspektiven letztendlich pessimistisch zu nennen, und auch sie hatte ein »visionäres« Element – nämlich die angebliche Passivität, mit der die Arbeiterklasse das Schwinden ihres materiellen Besitzes akzeptieren würde. Im *Wohlstand der Nationen* findet sich nicht der leiseste Hinweis darauf, daß die Arbeiterklasse Widerstand leisten, geschweige denn eine Revolution auslösen könnte, und das, obwohl Smith dieser Arbeiterklasse das Absinken ihres Lebensstandards bis zum Existenzminimum vorhergesagt hat. Vielleicht muß man dies als Konsequenz des moralischen Verfalls sehen, den Smith aus dem Prozeß der Arbeitsteilung hervorgehen sah. Vielleicht drückte sich darin auch die Hoffnungslosigkeit hinsichtlich der Fähigkeiten der unteren Schichten der Gesellschaft aus, die Smith mit allen anderen Philosophen der Aufklärung teilte. Wie auch immer, in Smiths Szenarium war der Arbeiterklasse der soziale Abstieg und langfristig gesehen auch der wirtschaftliche Untergang bestimmt. Ich übertreibe nicht: »Ungeachtet aller überragenden Fähigkeiten jener wenigen, können trotzdem bei der breiten Masse des Volkes die höheren menschlichen Anlagen weitgehend verkümmern und verschwinden.«[43] Obwohl Smith allgemein als ein Schutzpatron des Kapitalismus betrachtet wird, war er von allen Ökonomen der wahrscheinlich am wenigsten zuversichtliche, was dessen langfristiges Schicksal betrifft.

Marx hingegen war optimistisch – gewiß nicht was den Kapitalismus anbelangt, aber was das Gesellschaftssystem betrifft, das er aus ihm hervorgehen sah. Überraschenderweise erinnert der analytische Faktor seines Szenariums in vielerlei Hinsicht an Smith. Wie sein großer Vorgänger folgte auch Marx bei seiner Analyse den Spuren von Gewinnsucht und deren Konsequenzen in einer Atmosphäre des Wettbewerbdrucks. Doch Marx kommt zu anderen Schlußfolgerungen als Smith, weil er Smiths Manufaktur durch die wesentlich größere Fabrikation mit Maschinen ersetzt hat, was zum Resultat hatte, daß der Expansionsprozeß nicht mehr glatt und systematisch, sondern turbulent und hochexplosiv abläuft und sich die Beherrscher dieses Prozesses nach dem Motto »leben und leben lassen« gezwungenermaßen zu sich gegenseitig zerstörenden Kapitalisten entwickeln. Daher ist auch die nach oben weisende Entwicklungskurve bei Marx, ganz anders als bei Smith, von ständigen Krisen- und Wiederaufbauperioden unterbrochen – was der Dynamik einer ökonomischen Stützkonstruktion und nicht der einer Sandburg entspricht.

Doch dieser drastische Unterschied, der sich durch die unterschiedlichen technologischen Grundbedingungen ergab, reicht nicht aus, um den Kontrast zwischen den Szenarien von

Marx und Smith zu erklären. Wirklich entscheidend in diesem Zusammenhang ist, daß nach Marxens Vorstellung die Arbeiterklasse selbst das Instrument ihrer zukünftigen Befreiung ist. Die dumpfe Arbeiterklasse von Smith wird bei Marx durch ein allmählich erwachendes Proletariat ersetzt. So bietet das Szenarium von Marx auch eine andere Aussicht als das von Smith: Anstelle des historisch begründeten Aufstiegs und Falls von Gesellschaften – entsprechend der Auffassung, die im 18. Jahrhundert von der vergänglichen Glorie Griechenlands und Roms vorherrschte – zeigt dieses Szenarium einen richtungsweisenden Prozeß, in dem der Kapitalismus mit Ankunft seines Nachfolgers, dem Sozialismus, abtritt.

Auch zwei andere Szenarienschreiber prophezeiten dem Kapitalismus eine schwierige Zukunft, und auch sie aus unterschiedlichen Gründen und mit unterschiedlichen Schlußfolgerungen. John Maynard Keynes wird heute allgemein als ein Prophet des kapitalistischen Untergangs betrachtet, aber dieses Urteil wird der Komplexität seines Szenariums nicht gerecht. Wenn Keynes ein analytischer Pessimist war, dann war er auch ein visionärer Optimist. Pessimist war er, weil ihn seine Analyse der Funktionsweisen des Marktes zu der beunruhigenden Schlußfolgerung brachte, daß eine marktwirtschaftlich gelenkte Gesellschaft in die Lage permanenter Arbeitslosigkeit versetzt werden könnte. Übrigens spiegelte sich in diesem Pessimismus, sehr ähnlich wie bei Smith, auch eine höchst statische Sichtweise der technologischen Möglichkeiten. Es ist zweifelhaft, ob die *Allgemeine Theorie* auch dann noch ihren entmutigten Geist offenbart hätte, wenn sie während des transformierenden Wandels der Nachkriegszeit geschrieben worden wäre, den Keynes nicht mehr erleben konnte.

Keynes' pessimistische Analyse wurde dann aber von einer unerwartet zuversichtlichen Einschätzung der politischen Möglichkeiten des Kapitalismus ausgeglichen. Seine Vision tendierte weder zu jener hoffnungslosen Beurteilung der Arbeiterklasse, wie Smith, noch zu einer erhebenden Einschätzung ihres revolutionären Potentials, wie Marx. Deshalb konnte er gefaßt »relativ umfassenden« Eingriffen des Staates bei Investitionen ins Auge sehen, die für ihn das geeignetste Mittel für die Sicherung der Vollbeschäftigung waren, und darüber hinaus das »Abtreten der Pensionäre«[44] propagieren, was nichts anderes besagen sollte als die effektive Entmachtung der vermögenden Klassen. Dennoch hatte Keynes nicht viel für die sozialistische Idee übrig, bestenfalls empfand er für sie so etwas wie tolerante Skepsis. Seine Vorstellung ging mehr in Richtung einer stabilen, anpassungsfähigen Politik, die in der Lage ist, das Versagen der häufig schlecht funktionierenden Wirtschaft auszugleichen – eine Position, die er selbst »gemäßigt konservativ« nannte, was wohl kaum der Auffassung entsprach, die die meisten Konservativen von ihr hatten.

Die großen Szenarienschreiber wären ohne Joseph Schumpeter nicht vollständig aufgeführt. Er war analytischer Optimist und visionärer Pessimist zugleich. »Kann der Kapitalismus überleben?« fragt er bereits zu Beginn seines meisterhaften Werks *Capitalism, Socialism and Democracy*, das 1942 veröffentlicht wurde. Seine Antwort ist unmißverständlich: »Nein, ich glaube nicht, daß er das kann.«[45] Aber er begründet das anders als Smith, Marx oder Keynes. Schumpeter fügt dem Akkumulationsprozeß einen neuen und noch viel dynamischeren Faktor hinzu: Jene skrupellose Zerstörung des alten Kapitals durch den Wettbewerb, wie Marx es sah, ersetzt er durch eine »beständige Brise der schöpferischen Zerstörung«, was heißen sollte, daß Unternehmer bislang ungeahnte Möglichkeiten schaffen und ausbauen würden. Von dieser Annahme ausgehend, hatte Schumpeter natürlich nur Hohn für die Vorstellung übrig, daß es jemals möglich sein könnte, die Investitionsmöglichkeiten voll auszuschöpfen. Technologische Möglichkeiten, schrieb er, seien noch »unerforschte Gewässer«; Flugzeuge wären für die Zukunft, was die Eroberung Indiens für die Vergangenheit war. In der Tat folgerte er: »Es besteht kein *rein ökonomischer* Grund, weshalb der Kapitalismus einen zweiten Wettlauf nicht erfolgreich bestehen sollte«, zumindest auf kurze Sicht gesehen – womit er, wie er im Nebensatz anmerkt, ein Jahrhundert meint.[46]

Wieso erwartet Schumpeter dann, daß der Kapitalismus untergehen wird? Weil er die prosaische, unsentimentale Sichtweise, die der Kapitalismus produziert, als jene Werte zersetzend betrachtet, von denen sich das Gesellschaftssystem nährt. »Kapitalismus«, schreibt er, »konstruiert ein rationales Gedankengebäude, das sich, nachdem es die moralische Instanz vieler Traditionen zerstört hat, am Ende gegen ihn selbst richten wird: Der Bürger findet zu seinem Erstaunen heraus, daß die rationalistische Attitüde selbst vor der Autorität von Königen und Päpsten nicht halt macht, dafür aber immer weiter über Privateigentum und die ganze Bandbreite an bürgerlichen Werten herfällt.«[47] Das Ende nahe, wenn der Unternehmer – die Verkörperung des systemischen Elans – sich träge zur sicheren Existenz als sozialistischer Betriebsleiter niederlasse.

Es sei nochmals betont, daß die Inszenierung dieser erstaunlichen »Vorhersage« mehr von Vision als Analyse geprägt war. In Schumpeters Vorstellung gehören die Unternehmer einer elitären Gruppe an, die in allen Gesellschaften bis zur Spitze dringt – sozialistische Regime würden sich mit Sicherheit die »überdurchschnittlichen Qualitäten« dieser Gruppe zunutze machen. Andererseits aber seien Arbeiter und Angehörige der mittleren und unteren Schichten normalerweise nur Gewohnheitstiere, die nach einem Wechsel vom Kapitalismus zum Sozialismus gar keinen Unterschied bemerken würden – durch »eine Familienähnlichkeit« sei letzterer von ersterem kaum verschieden. Kann dieser bürgerliche, administrative und vermutlich demokratische Sozialismus funktionieren? Schumpeter hatte da gar keinen Zweifel: »Natürlich wird er das.« Er erklärte ebenso apodiktisch, daß der Sozialismus erfolgreich sein wird, wie er zuvor erklärte, daß der Kapitalismus scheitern wird. Tatsächlich glaubt er sogar, daß die Moral des Sozialismus höher sein könnte als die des Kapitalismus und daß sich Zweifel an der Planungsstruktur als genauso kurzsichtig erweisen würden wie die Zweifel, die Smith über die Zukunft von Aktiengesellschaften geäußert hatte.[48]

2

Wie können uns diese einander widersprechenden und historisch oft ungenauen Darlegungen dabei nützen, über die Zukunft nachzudenken? Eines liegt auf der Hand: Keiner unserer Philosophen, nicht einmal Smith oder Schumpeter, die nun gewiß Parteigänger des kapitalistischen Systems waren, prophezeien ihm einen langen, erfolgreichen Weg.

Alfred Marshall, der große viktorianische Ökonom, schließt seine besorgte und engagierte Studie mit der Hoffnung, daß »ökonomische Ritterlichkeit« den Sieg davontragen wird, und warnt gleichzeitig vor »der vorschnellen Annahme von [methodischen Fortschritten], die ... zwar schnell ein bißchen Gutes bewirken können, jedoch gleichzeitig den Samen zu einem sich immer weiter ausbreitenden und andauernden Verfall legen werden.« Friedrich von Hayek, der den Kapitalismus zwar für notwendig hält, um Massenarmut und -tod zu vermeiden, schimpft jedoch über den »verhängnisvollen Dünkel«, mit dem behauptet wird, die Menschheit könne ihr soziales Umfeld so gestalten, wie es ihr beliebt.[49] Aber warum sollten sich die Protagonisten in Marshalls Text auch nur im geringsten geneigt fühlen, kurzsichtige Lösungsversuche anzustreben, und weshalb sollten die Bürger aus Hayeks nüchternen Seiten mit der Katastrophe flirten, wenn der Kapitalismus schließlich doch die einzige Hoffnung der Zivilisation ist? Diese Fragen konnte noch niemand beantworten.

Warum können wir keine einzige Person von Rang und Namen in der ökonomischen Geistesgeschichte finden, die eine optimistische Zukunft projiziert? Ich glaube, für diese allgemeine Stimmung gibt es einen auf der Hand liegenden und einen eher hypothetischen Grund. Die Antwort, die auf der Hand liegt, finden wir in der Analytik des Problems. Angesichts des Ausmaßes an selbstverursachten Problemen, die sich auf alle drei konstitutiven Aspekte des Systems ausdehnen, liegt es einzig an der Schwierigkeit, erfolgreich ein kapitalistisches Mikro- und Makrosystem zu erhalten. Viele Ökonomen klammern sich an das Problem, den Impuls der Kapitalakkumulation zu erhalten – exemplarisch für die weitverbreitete Meinung, daß eine Sättigung der Nachfrage und ein Versiegen der Kaufkraft drohe, seien hier nur Smith, Marx und Keynes genannt. Reibungen zwischen dem öffentlichen und dem privaten Sektor stehen im Brennpunkt der anderen Befürchtungen – seien es nun die Zweifel, ob Staatseingriffe in der Lage wären, den Kapitalismus von seinen Krankheiten zu heilen, da sich Regierungen schließlich nicht einfach über die eng gefaßten Klasseninteressen hinwegsetzen können; oder seien es die völlig anders gelagerten Zweifel, ob die Vitalität des Kapitalismus einer schonungslosen staatlichen Expansion – die Regierung als Regulator des Systems – noch etwas entgegenzusetzen habe: Marx repräsentiert die ersten, viele konservative Ökonomen die zweiten Zweifel. Nicht weiter überraschend ist, daß die Funktionsstörungen des Marktes der dritte Fokus pessimistischer Analysen sind. Wir haben bereits die Schäden gesehen, die durch externe Effekte, durch selbstaggravierende Erwartungen und Mißerfolge des Marktes angerichtet werden können. Ich wiederhole nochmals, daß eine mögliche ökologische Katastrophe dadurch verursacht wird, weil der Marktmechanismus unfähig ist, das globale Problem der Umweltverschmutzung zu lösen.

Damit sind die spezifischen Gründe für einen ökonomischen Pessimismus bei weitem noch nicht erschöpft. Man kann Szenarien finden, die als Quelle aller Probleme die Aussichten für Investitionen und Technologie angeben; oder die ungleiche Einkommensverteilung; die Unberechenbarkeit von

Krediten; die monopolistischen Tendenzen; die Verdrängung von Arbeit durch Technologie; oder die inflationären Tendenzen einer erfolgreichen und die depressiven Tendenzen einer erfolglosen Wirtschaft. Unvorstellbar aber wären Szenarien, in denen ein störungsfreies Wachstum und angepaßte Überlebensfähigkeit den Sieg davontragen würden. Zwar liegt die historische Einzigartigkeit des Kapitalismus in seinem permanenten selbsterzeugten Wandel, aber genau diese Dynamik ist am Ende der Hauptfeind des Systems. Das Thema, das sich wie ein Basso ostinato durch die überwältigende Mehrzahl aller Szenarien zieht, ist, daß das System früher oder später nicht zu bewältigende Probleme hervorbringen und schließlich den Weg für einen Nachfolger freimachen müssen wird.

Auf diese zentrale Aussage werde ich noch zurückkommen, doch zuvor möchte ich einer umstrittenen Erklärung für diese Aussage auf den Grund gehen. Sie wurzelt, wie ich glaube, in den weitverbreiteten Sorgen hinsichtlich der moralischen Grundlagen des Kapitalismus. Wieder einmal überrascht uns Adam Smith mit der genauen Erfassung des Problems. Im Kapitel über den Arbeitslohn schreibt er:

»Was üblicherweise Arbeitslohn ist, hängt überall von dem Vertrag ab, den beide Parteien gewöhnlich miteinander vereinbaren, wobei die Interessen der beiden keineswegs die gleichen sind. Der Arbeiter möchte soviel wie möglich bekommen, der Unternehmer so wenig wie möglich geben ... Es läßt sich indes leicht vorhersehen, welche der beiden Parteien unter normalen Umständen einen Vorteil in dem Konflikt haben muß ... In allen Lohnkonflikten können zudem die Unternehmer viel länger durchhalten ... Dagegen könnten viele Arbeiter ohne Beschäftigung nicht einmal eine Woche, wenige einen Monat und kaum einer ein ganzes Jahr überstehen. Für längere Zeit mag zwar der Unternehmer genauso auf den Arbeiter angewiesen sein wie umgekehrt dieser auf ihn, für kurze Zeit ist er es aber nicht.«[50]

Unnötig zu sagen, daß dies vor dem Erscheinen von Arbeitslosenunterstützung, Gewerkschaften und dem Wohlfahrtsstaat geschrieben wurde, welche die Ungleichheit zwischen Arbeit und Kapital in den modernen Industriestaaten wesentlich ausgeglichen haben. Dennoch hat Smith seinen Finger auf einen wunden Punkt gelegt. In einer Marktwirtschaft, in der Arbeitgeber und Arbeitnehmer die absolut gleichwertige Kaufkraft hätten, könnte es keine systematische Bevorzugung der einen oder anderen Seite geben. In einer solchen Gesellschaft wäre es auch kaum mehr verständlich, weshalb der eine sich noch damit einverstanden erklären sollte, für den anderen zu arbeiten, denn eine gleichwertige Kaufkraft legt ja nahe, daß beide mit den gleichen Ressourcen ausgestattet wären. Doch selbst wenn es so wäre, daß einige sich freiwillig dafür entscheiden würden, Arbeitnehmer zu werden – weshalb sollten dann Arbeitgeber noch einen Mehrwert an Einnahmen (Profit) zusätzlich zu dem haben, den sie in Löhnen auszahlen? Wieso sollten dann nicht auch die Arbeitgeber Löhne erhalten, vielleicht ein wenig höhere als die, die mit ihnen – gewiß nicht »für« sie – gearbeitet haben, oder weshalb sollte der Profit, so es denn einen gäbe, nicht gerecht zwischen allen verteilt werden?

Marx stellt diese Frage in den Mittelpunkt seiner Untersuchung. Ich werde hier nicht darauf eingehen, weshalb bei Marx der Konflikt zwischen Arbeitgeber und Arbeiter auf eine Weise gelöst wird, die schließlich alle Profite an die Arbeiter gehen läßt. Für unseren Zweck interessant an dieser Demonstration ist, daß Marx dadurch erklärt, wie diese deutlich ungleiche Beziehung eine Gestalt annehmen kann, die vollkommen der Vorstellung eines Systems entspricht, in dem jeglicher Zwang vermieden wird. Anhand einer wichtigen Darstellung der irregeleiteten Vorstellungen, die die Marktwirtschaft aufdrängt, verdeutlicht Marx auch, daß die Ausbeutung der Arbeit unsichtbar bleibt, weil das bestehende freie Vertragsrecht Smiths Unterscheidung zwischen jenen, die warten können, und jenen, die es nicht können, verbirgt.

Marx gehört nicht zu den Ökonomen, deren Schriften zu den Standardwerken gehören – abgesehen vielleicht von seinem *Manifest* –, die jeder Ökonomiestudent lesen muß, um zu erkennen, was fataler Überoptimismus ist. Und sein Hauptthema hat noch jedem Ökonomen einen Kloß im Hals verursacht. Unendlich viele Seiten sind dem Nachweis gewidmet, daß Arbeiter in einer perfekten Marktwirtschaft, wo allen Produktionsmitteln der volle Wert ihres jeweiligen Beitrags zur Produktion zugemessen wird, nicht ausgebeutet werden. In jedem Fall heißt das, daß Profit nur der Name für den Gewinn ist, der an das Kapital fließt – also die Entschädigung für den Beitrag, den das Kapital zur Produktion leistet, analog zu den Zahlungen, die man Löhne nennt und die für den entsprechenden Beitrag der Arbeit gezahlt werden. Unerwähnt bleibt dabei, daß diese Art von Gewinn für das Kapital von der Arbeit erwirtschaftet wird. Stellen wir uns Arbeit einmal als personifizierte Hacken und Schaufeln vor. Da Hacken und Schaufeln keine Bankkonten haben, müßte man davon ausgehen, daß ihre Gehälter an die Vertreter der Produktion geleitet werden, die sie hergestellt haben. Aber nein, die Gewinne des Kapitals werden nicht an die ausgezahlt, die sie erarbeitet haben, sondern an die, die sie besitzen.

Das stellt all diejenigen vor ein ernsthaftes Problem, die vorhaben, die moralische Grundlage der Einkommensverteilung im Kapitalismus zu rechtfertigen. Man könnte behaupten, daß die Ungleichheiten, die dem Privatbesitz von Produktionsmitteln innewohnen, moralisch gerechtfertigt werden können, indem man sagt, es bestehe die Notwendigkeit, das Gesellschaftssystem zu erhalten. Genau das ist die Position von Adam Smith: »Der Friede und die öffentliche Ordnung in einer Gesellschaft«, schreibt er in *The Theory of Moral Sentiments*, »ist sogar noch wichtiger als die Fürsorge für die Bedürftigen ... Die Natur hat klugerweise entschieden, daß sich die Unterschiede zwischen den Gesellschaftsschichten, der Friede und die öffentliche Ordnung der Gesellschaft, sehr viel klarer auf die deutlichen und offensichtlichen Unterschiede in Herkunft und Wohlstand begründen als auf die unsichtbaren und häufig ungewissen Unterschiede in Weisheit und Tugendhaftigkeit.«[51]

Dieses ausdrückliche Sichfügen in die Realitäten der gesellschaftlichen Verhältnisse ist jedoch eine Erklärung, auf die sich nicht viele Ökonomen einlassen wollen. Eine Ausnahme ist John Stuart Mill, der die Ungleichheiten – die er ablehnt – folgendermaßen verteidigt: »Da die Gesinnungen gemein sind, erfordern sie auch gemeine Stimuli, also geben wir sie ihnen.«[52] Im allgemeinen werden die moralischen Probleme, die durch den Privatbesitz von Produktionsmitteln entstehen, taktvoll übergangen. Es gab noch keine Erklärung, die Gai davon überzeugen würde, daß es gerecht wäre, wenn einer seiner Jagdgefährten alle Pfeile und Bögen besitzen würde und das Recht hätte, seinem !Kungbruder nur einen Anteil der Gazelle zu geben, der vor der Jagd als Belohnung für ihr Erlegen festgesetzt wurde. Deshalb möchte ich hier eine ketzerische Behauptung aufstellen: Im pessimistischen Konsens hinsichtlich der langfristigen Aussichten für den Kapitalismus manifestieren sich die moralischen Zweifel derjenigen, die professionell versuchen, das Gesellschaftssystem, in dem sie leben, zu rechtfertigen. Die problematische Zukunft, die sie für den Kapitalismus projizieren, könnte nicht nur allein aus schlechtem Gewissen resultieren, sondern schlechtes Gewissen dürfte, wie ich vermute, diese Art von Projektion noch verstärken.

3

Es ist an der Zeit, daß wir uns den Möglichkeiten des Kapitalismus im 21. Jahrhundert zuwenden. Beginnen wir mit der Frage der kapitalistischen Akkumulation. Wir wissen bereits, daß wir keine plausiblen Vorhersagen über Geschwindigkeit, Dauerhaftigkeit und Umfang des Wachstums im kommenden Jahrhundert machen können. Das kapitalistische System ist so strukturiert, daß es nach all jenen technologischen und organisatorischen Veränderungen sucht, die ihm profitable

Expansionsaussichten versprechen, und versuchen wird, an ihnen festzuhalten; aber dieses System hat keinerlei Möglichkeiten, um sicherzustellen, daß diese Veränderungen auch tatsächlich mit der erforderlichen Regelmäßigkeit und stimulativen Kraft auftreten. Ich würde daher davon ausgehen, daß das wahrscheinlichste Szenarium der Zukunft des Kapitalismus einen Drang nach Akkumulation aufweist, der denselben Erfolgen und Mißerfolgen ausgesetzt sein wird wie in der Vergangenheit.

Das ist an sich weder eine optimistische noch eine pessimistische, sondern eine sehr viel schwieriger zu akzeptierende Aussicht – eine, die alles offen läßt. Deshalb werden mit Sicherheit Visionen auf der Bildfläche erscheinen, und diese Visionen werden entweder versichern, daß das System – alle Eventualitäten einkalkuliert – während der nächsten 150 Jahre auf die gleiche Weise weiterwachsen wird wie bisher; oder sie werden behaupten, daß der Kapitalismus immer schwierigeren Hindernissen ausgesetzt sein wird, vergleichbar mit jenen, die seinen beinahe tödlichen Zusammenbruch in den dreißiger Jahren und seine glanzlosen Leistungen in den letzten Jahren verursacht haben.

Es gibt aber noch eine andere Möglichkeit, und zwar eine Reaktion auf die Wachstumsherausforderungen, deren Wahrscheinlichkeit vom zweiten strukturellen Prinzip des Kapitalismus abhängt: von der Zweiteilung seiner Domänen. Diese Möglichkeit beinhaltet, daß der Kapitalismus versuchen könnte, die erforderliche Expansion zu erreichen, indem er öffentliche Investitionen nutzt, um jenen transformierenden Impetus zu erhalten, der im privaten Sektor nicht vorhanden ist. Wie die Vereinigten Staaten zu ihrer Bestürzung erfahren mußten, wie aber auch Europa und Japan zu ihrem Vorteil erkannten, können Investitionen in das öffentliche Kapital einen enormen Beitrag zur Produktivität leisten, sei es nun beim Hochleistungstransportwesen oder bei hochqualifizierter Ausbildung. Wenn sie bewußt als Mittel zum anhaltenden Wachstum eingesetzt werden, könnten Investitionen in die

Infrastruktur im 21. Jahrhundert eine Lösung des Problems sein, wie adäquates Wachstum erreicht und bewahrt werden kann – vor allem gilt dies für die Vereinigten Staaten, die in dieser Hinsicht so weit zurückgefallen sind. Natürlich müssen zuerst einmal gravierende Probleme überwunden werden, bevor dieser Kurs eingeschlagen werden könnte. Das geringste dieser Probleme, nochmals auf die Vereinigten Staaten bezogen, ist das Defizit, welches man allgemein nur als Resultat einer Verschwendung von öffentlichen Ersparnissen sieht. Ich sage bewußt, dies sei »das geringste« unserer Probleme, weil es dafür eine relativ einfache Lösung gibt: nämlich die Staatsausgaben für wachstumsfördernde Zwecke von den üblichen Verwaltungsausgaben zu trennen. Staatsausgaben für die üblichen Verantwortungsbereiche der Regierung wie Sozialausgaben, Gesundheitsfürsorge, Verteidigungsausgaben usw. wären somit im Normalfall durch Steuereinnahmen gedeckt, ähnlich wie Betriebskosten üblicherweise durch Umsatzeinnahmen gedeckt sind. Gleichzeitig würden die Staatsausgaben für Wachstumszwecke, beispielsweise in der Infrastruktur, im Normalfall durch Kreditaufnahmen finanziert werden, ähnlich wie die Investitionsausgaben der Industrie. Ein Haushaltsplan, wie er übrigens von jedem westlichen Staat außer den Vereinigten Staaten aufgestellt wird, bietet aber noch keine Garantie dafür, daß Kreditaufnahmen der Regierung sinnvollen Zwecken zugeführt werden. Die Existenz eines solchen Plans soll uns eher daran erinnern, daß es überhaupt sinnvolle Zwecke gibt und daß Defizite keine Verschwendung, sondern vorteilhaft sind, wenn sie für solche Zwecke eingesetzt werden.

Dies ist wie gesagt nur die erste Hürde auf dem Weg, den öffentlichen Sektor zu nutzen, um für ein angemessenes Wachstum Sorge zu tragen. Es müssen aber noch zwei weitere Hürden genommen werden, von denen eine höher ist als die andere. Erstens müßte unser Steuerniveau erhöht werden. Ein starker und schrittmachender öffentlicher Sektor würde ein sehr viel höheres Niveau von normalen, nicht der Investition

zugedachten Ausgaben für die Versorgung und den Erhalt des staatlichen Gemeinwohls erfordern, als es mit den kümmerlichen Einnahmen unseres gegenwärtigen Steuersystems möglich ist. Laut einer neueren Studie übersteigen die im Bruttosozialprodukt enthaltenden Steuereinnahmen der in der OECD organisierten (Industrie-)Staaten die der Vereinigten Staaten um ein Drittel. Nur diejenigen Japans sind noch geringer, wobei sich Japans Verteidigungsausgaben auf weniger als ein Sechstel der amerikanischen belaufen. Wenn Amerika seine Steuereinnahmen auf OECD-Niveau bringen würde, dann könnten seine gesamten Steuereinnamen um wenigstens 300 Milliarden Dollar pro Jahr gesteigert werden. Würde man zu diesen noch die Kreditaufnahme addieren, die durch ein zehnjähriges Infrastrukturprogramm über 1 Billion Dollar – wie es der Finanzier Felix Rohatyn vorgeschlagen hat – gerechtfertigt wäre, dann hätte man eine Manövriermasse, mit der man in der Lage wäre, der Wirtschaft einen kräftigen Schub zu geben.[53]

Es bleibt anzumerken, daß die Erzielung eines solchen Steuerniveaus wahrscheinlich auch die Aneignung eines europäischen Besteuerungsmodus erfordern würde. Es ist nämlich ein kurioser Fakt, daß die Vereinigten Staaten einen größeren Anteil ihrer Einkünfte aus der direkten Einkommenssteuer erhalten als alle OECD-Staaten – etwa 35 Prozent gegen den OECD-Durchschnitt von 20 Prozent – und einen wesentlich geringeren Anteil durch Mehrwert- oder Umsatzsteuer – 17 Prozent gegen 29 Prozent. Sehr wahrscheinlich resultiert die amerikanische Steuerphobie aus dieser Schwerpunktverlagerung auf die Einkommenssteuer, die zwar von vielen Ökonomen wegen ihrer größeren Fairneß bevorzugt, aber von vielen Steuerzahlern, die sie als eine Art von Enteignung betrachten, vehement abgelehnt wird.[54]

Unglücklicherweise ist auch das noch nicht das Ende des Problems. Es bleibt noch eine Schwierigkeit, von der wir bereits eine Ahnung bekommen haben – nämlich, wie man mit dem inflationären Druck zurechtkommen würde, der sehr wahrscheinlich durch einen solchen Boom entstehen wird. In der Tat würde sich die Situation auf dem Arbeitsmarkt, sofern ein öffentliches Ausgabenprogramm seinen Zweck erfüllen würde, verschärfen, die Lohnraten würden steigen und jene Art von Lohn-Preis-Spirale in Gang setzen, die schon allen kapitalistischen Staaten im späten 20. Jahrhundert zur Plage geworden ist.

Außerdem stehen uns – anders als beim Fall der Defizite – keine Mittel zur Verfügung, um mit diesem Druck allein durch die Veränderung unserer staatlichen Buchführungsmethoden fertig zu werden. Um zu verhindern, daß Lohnsteigerungen dem Produktivitätswachstum vorauseilen würden, und um jede mögliche Steigerung der gesamten Lohnrate mit einer vergleichbaren Steigerung der Produktionsrate ausgleichen zu können – wodurch Preiserhöhungen auf ein Minimum begrenzt blieben –, müßte unbedingt ein Wandel in den nationalen Institutionen stattfinden.

Es gibt zwei Wege, um dies zu erreichen. Einer wäre, eine Art von Sozialkontrakt zwischen Arbeit, Management und Regierung abzuschließen, ähnlich jenen, die in Deutschland vereinbart wurden. Gewerkschaften erhalten einen Sitz in den Unternehmensvorständen und Mitspracherecht bei arbeitspolitischen Fragen; im Gegenzug dafür garantieren sie, Forderungen nach Lohnerhöhungen innerhalb nicht-inflationärer Grenzen zu halten. Das Management ist bereit, auf jegliche gegen die Gewerkschaft gerichtete Taktiken zu verzichten; im Gegenzug dafür garantieren die Gewerkschaften, sich nicht in den effizienten Einsatz ihrer Arbeitskräfte einzumischen. Und die Regierung hält sich zurück und sorgt für das gesamtgesellschaftliche Verständnis, indem sie wichtige soziale Maßnahmen wie Arbeitslosenversicherung und Umschulungsprogramme anbietet und grundsätzlich das Bemühen der Wirtschaftsunternehmen unterstützt, ihren Anteil am Weltmarkt zu sichern.

Natürlich gibt es keine Garantien dafür, daß sich solche Vereinbarungen als dauerhaft und effektiv erweisen. Also

müßte es noch eine zweite Absicherung gegen den inflationären Druck geben. Sollten sich freiwillige Vereinbarungen als
undurchführbar erwiesen haben, dann blieben nur noch
unfreiwillige Vereinbarungen, nämlich gegeninflationäre
Steuermaßnahmen. Obwohl die Einkommenssteuer derart
unpopulär ist, würden inflationäre Tendenzen wahrscheinlich
trotzdem am ehesten begrenzt werden können, indem Einkommen, Dividenden und Zinsen, wie auch die Mindestlöhne
und -gehälter, inflationsangepaßt versteuert werden; oder
man müßte, wenn die Öffentlichkeit nicht bereit wäre, dies
zu akzeptieren, den inflationären Tendenzen entgegenwirken, indem man die Umsatz- und Mehrwertsteuern drastisch
erhöht.

Man muß solche Vorschläge nur laut aussprechen, um sich
einem Sturm des Protests ausgesetzt zu sehen. Ich werde nicht
versuchen, diesen Sturm abzuwenden. Vielmehr werde ich ihn
nutzen, um unsere Aufmerksamkeit vom allgemeinen Problem der Wachstumssteigerung auf die Frage der gesellschaftlichen und politischen Übereinstimmung zu lenken. Damit
sind wir wieder einmal beim entscheidenden strukturellen
Merkmal des Kapitalismus – seiner Zweiteilung in die Domänen Wirtschaft und Staat.

Und wieder einmal stammt mein Argument aus einem
übereinstimmenden Bild in den Szenarien der großen Ökonomen. Denn abgesehen von den verschiedenen Schwierigkeiten, die sie auf dem Weg in die kapitalistische Zukunft sehen,
stimmen ihre Szenarien in einer Diagnose überein: darin, daß
die Probleme, die den Kapitalismus bedrohen, durch seine
eigene Dynamik entstehen und aus dem privaten Sektor, nicht
aus dem öffentlichen resultieren. Die Sättigung der Nachfrage
und die Abwertung der Arbeitskraft, welches die großen
Schwierigkeiten in der Konzeption von Smith sind; die Krisen
und die Widersprüche im Modell von Marx; die Unfähigkeit,
Vollbeschäftigung zu erlangen, die für Keynes die größte Gefahr bildete; die kulturelle Erosion in Schumpeters Szenarium

– sie alle sprechen von einem Versagen, das aus der privaten Domäne und nicht aus der öffentlichen resultiert.

Ein typischer Fall dafür ist Inflation. Der inflationäre Druck, der aus einem durch den öffentlichen Sektor ausgelösten Boom entstehen würde, hat nichts mit der Verantwortlichkeit von dessen Regierung zu tun. Ganz genau der gleiche Druck entsteht nämlich, wenn der völlig auf sich gestellte private Sektor die Begleitumstände eines transformatorischen Wandels entdeckt. Wir müssen uns bewußt der Tatsache stellen, daß der inflationäre Druck unter den Bedingungen, denen der Kapitalismus im späten 20. Jahrhundert unterliegt –, und man möchte meinen, im 21. Jahrhundert noch stärker unterliegen wird –, immer nur knapp unter der Oberfläche lauert und, falls ein Sozialkontrakt nicht durchgesetzt werden kann, nur durch eine Art von gegeninflationärer Steuer in Schach gehalten werden kann. Vielleicht gäbe es ja ein noch effektiveres Programm, doch Handelnder müßte in jedem Fall die Regierung sein.

Damit sind wir erneut beim Thema der Politisierung des Kapitalismus: Welche Lösungsformen können für die Probleme, die im privaten Sektor entstehen, gefunden und welche Gegenmaßnahmen getroffen werden? Unsere Diagnose läßt nur eine Antwort zu: Es müssen Lösungen und Gegenmaßnahmen sein, die aus dem öffentlichen Sektor kommen. Daraus folgt, daß die Aussichten für die diversen Erscheinungsformen des Kapitalismus im 21. Jahrhundert – und hier betone ich ausdrücklich den Plural – in erster Linie davon abhängen werden, mit welchem Erfolg die staatlichen Kräfte zusammengezogen und dazu gebracht werden können, sich mit den Kräften der Wirtschaft auseinanderzusetzen. Die grundlegenden Eigenschaften und Probleme des Kapitalismus mögen überall dieselben sein, die Fähigkeiten von Regierungen sind verschieden. Sowohl der japanische wie der italienische Kapitalismus stehen unter dem Druck, Kapital anzuhäufen; beide werden von den Kräften des Marktes sowohl koordiniert als auch destabilisiert, und beide sind in besagte zwei Domänen aufgeteilt; doch in beiden kapitalistischen Systemen führt die Tatsache, daß keine öffentlichen Kontrollmechanismen gegenüber dem Wirtschaftssektor bestehen und daß dieser Sektor weder öffentliche Unterstützung genießt noch einer öffentlichen Anleitung unterliegt, zu unterschiedlichen Auswirkungen. Nationale Kultur prägt die Interaktionen des Wirtschafts- und des öffentlichen Lebens überall auf jeweils eigene Weise. Erinnern wir uns: Es gibt einen Kapitalismus im Land der Northwest Mounted Police und einen Kapitalismus im Lande der Cowboys.

Nun bewegen wir uns allmählich von der Analyse, so schwach sie auch sein mag, hin zur diffusen Vision. Welches wären die Merkmale eines Kapitalismus, der in der Lage wäre, ein öffentliches Investitionsprogramm aufzustellen, falls keines spontan aus seinem privaten Sektor entstehen würde, und der imstande wäre, einen lebensfähigen Sozialkontrakt auszuhandeln oder gegeninflationäre Steuern in welcher erforderlichen Höhe auch immer zu erheben? Wenn ich diese Frage beantworten sollte, dann würde ich von einer Regierung mit starken pragmatischen Traditionen und öffentlichen Bindungen sprechen und des weiteren von einer gut entwickelten öffentlichen Verwaltung und verantwortungsbewußten staatlichen Organisationen im Arbeits- und Managementbereich. Natürlich wären die institutionellen Vereinbarungen von einem solchen Staat zum anderen unterschiedlich, doch ich würde annehmen, daß so mancher dieser kapitalistischen Staaten, wie die angepaßteren Staaten im Europa des 17. Jahrhunderts, lange Zeit überleben und sogar blühen könnte. Und vergleichbar dem Europa jener Zeit würde ich auch davon ausgehen, daß ein unangepaßter kapitalistischer Staat, mit starren und ideologisch belasteten Traditionen, einer schwach strukturierten öffentlichen Verwaltung sowie unorganisierten Gewerkschafts- und Unternehmenssektoren beinahe sicher keine Überlebenschance hätte. An welcher Stelle dieser Skala die Vereinigten Staaten rangieren oder wo sie bei geschickter politischer Führung liegen könnten, möchte ich dem Urteil meines Lesers überlassen.

Die Vision dringt also unvermeidlich und wie von selbst in die Analyse ein. Die Erforschung der Vergangenheit und Gegenwart bereitet uns auf die Zukunft vor, aber was wir dort finden, hängt in großem Maße davon ab, was wir dort suchen. Diese verstörende Schlußfolgerung umschreibt meine letzte Aufgabe. Es geht nun darum, meine eigene Vision zu identifizieren, sofern ich mir ihrer überhaupt bewußt bin. Zu diesem Zweck werde ich zum Beginn zurückkehren – zu Kliutschewskis schrecklicher Warnung, daß die Geschichte nicht lehrt, sondern bestraft, weil wir nicht auf sie hören. Wir sollten nun die Frage stellen, was wir aus der stilisierten Geschichte des Kapitalismus, aus seiner Vergangenheit und Gegenwart und aus seinen Möglichkeiten, die ich aufzuzeigen versucht habe, lernen können, und ich möchte auch meine anfänglichen Fragen wieder aufgreifen: Was ist im menschlichen Miteinander vom Fortschrittsgedanken geblieben? Steht uns eine Art von Sozialismus als Nachfolger des Kapitalismus bevor? Ist die menschliche Natur die Wurzel all unserer Probleme?

7

Die Lehren der Geschichte

I

Ich beginne mit dem Fortschrittsgedanken, der ja auch, wie anfangs erwähnt, in jedem Versuch enthalten ist, über den Kapitalismus im 21. Jahrhundert vor dem Hintergrund von Gewalt und Chaos zu sprechen.

Seit dem frühen 19. Jahrhundert wurde unter Fortschritt ein »linksorientierter« Antriebsmechanismus der westlichen Gesellschaft verstanden, welcher entlang einer imaginären Linie verlief, die in der Feudalvergangenheit begann, den frühen Kapitalismus bis zum späten durchzog und dort endete – oder zumindest in diese Richtung wies –, wo das diffus wahrgenommene Gesellschaftssystem namens Sozialismus und, weit hinter ihm, der Kommunismus begann. Mit »linksorientiert« meine ich die Richtung eines gesellschaftlichen Wandels, dessen Hauptantriebskraft die neu auftauchende Wirtschaftsdynamik im gesellschaftlichen Leben war. Fast alle Historiker sind der Meinung, daß diese langsame, häufig unterbrochene, aber stetige Bewegung eng mit dem Fortschrittsgedanken verknüpft war. Und genau diese Ansicht möchte ich nun zur Debatte stellen.

Man hielt diese Bewegung aus unterschiedlichen Gründen für den Ausdruck von Fortschritt. Erstens glaubte man, daß die wechselnde Konfiguration der Gesellschaft eindeutig durch überparteiliche Kräfte verursacht wurde, was der Sichtweise entspricht, die das menschliche Verhalten annimmt, wenn es auf vorhersehbare Weise auf Reize reagiert. Aber auch diese Reize selbst schienen überparteilicher Art zu sein, denn auch sie waren eher durch vorhersagbare Verhaltensweisen geprägt als durch die Edikte mächtiger Persönlichkeiten, die Ergebnisse militärischer Abenteuer oder ähnlichem mehr. So boten uns das 19. und das 20. Jahrhundert das ungewöhnliche Schauspiel, wie separate westliche Staaten im Gleichschritt zum Takt einer einzigen Trommel marschierten – eine Parade, wie sie noch zu keiner Zeit während eines großen gesellschaftlichen Umbruchs stattgefunden hatte, sei es nun der Untergang Roms, der Aufgang des Christentums oder die Vorboten der Aufklärung. Dieser Determinismus verlieh der »linksorientierten« gesellschaftlichen Bewegung den Aspekt eines natürlichen Vorgangs. In einem Zeitalter, das die Wissenschaft vergötterte, war es nur verständlich, daß eine solche Interpretation auf dasselbe hinauslief, als sei der Gang der Sozialgeschichte nicht nur unvermeidlich, sondern auch unvermeidlich fortschrittlich.

Eine andere Ursache für diese Fortschrittsinterpretation der Geschichte war, daß der institutionelle Aspekt ihrer Dynamik viele spezifische Merkmale enthielt, die den Fortschrittsgedanken bereits zu manifestieren schienen. Die Verdrängung des Glaubens durch Rationalität war eines dieser Merkmale, denn unbestreitbar war der Kapitalismus rationaler als der Feudalismus; und eine der wesentlichen intellektuellen Attraktionen des Sozialismus war, daß er die versteckten Irrationalitäten des Kapitalismus durch die angeblich transparente Rationalität einer bewußt geplanten Gesellschaft ersetzte. Noch ein anderes und in weiten Kreisen akzeptiertes Merkmal dieses Fortschritts war die Ausdehnung der individuellen Freiheit, also noch ein Ziel, mit dem die linksorientierte Bewegung so vollkommen übereinzustimmen schien. Schon der Kapitalismus hatte die stark einengenden soziopolitischen und wirtschaftlichen Zwänge des Vasallentums und der Leibeigenschaft abgeschafft; nun versprach der Sozialismus, mit den Zwängen der Lohnknechtschaft und vielleicht sogar des Nationalismus Schluß zu machen. Und außerordentlich bedeutend bei dieser Interpretation, die den Fortschritt durch die wirtschaftliche Transformation der Gesellschaft gegeben sah, war schließlich, daß sie das Selbstbestimmungsrecht des Menschen feierlich in den Mittelpunkt rückte. Man war sich darin einig, daß der Feudalismus auf Akzeptanz und Resignation gebaut war; daß der Kapitalismus eine Gesellschaft von selbstdefinierten Individuen ist; und daß der Sozialismus die erste Gesellschaft ist, die den Gang ihrer Geschichte in die eigene Hand nimmt – der eigentliche Beginn der Menschheitsgeschichte, wie Engels es formulierte.

Gewiß war man sich auch bewußt, daß Fortschritt mehr als nur der Ökonomie bedurfte. Wissenschaft wurde wie gesagt allenthalben als die unmittelbare Umsetzung des Fortschritts betrachtet und angewandte Wissenschaft als dessen deutlichste Manifestation. Wenn die Wissenschaft nicht schon das biologische Kind des Kapitalismus war, dann wurde die angewandte Wissenschaft ganz sicher zu seinem Adoptivkind. Dasselbe konnte man von der Demokratisierung des Staates behaupten, von der Durchsetzung sozialer Gleichheit und von der allgemeinen Aufklärung des Volkes. Es war nicht schwer, auch darin den Kapitalismus als Vorgänger zu erkennen, der die alten Klassenunterschiede ablehnte, die Betonung auf Vertragsfreiheit und die Freiheit des Individuums legte und ein starkes Eigeninteresse an der Bildung und Ausbildung der Bevölkerung hatte.

Ähnlich gelagert hat es aber auch eine oppositionelle Tradition gegen die materialistische Sichtweise des Fortschritts gegeben, die in den Visionen der utopischen Sozialisten oder in der marxistischen Ablehnung des gesamten kapitalistischen Wertesystems zum Ausdruck kam. Doch selbst hier findet sich noch der hartnäckige Glaube an die Relevanz, um nicht zu sagen die grundlegende Bedeutung der Ökonomie für den Fortschritt. Während sich die Argumente gegen den Kapitalismus also auf die Übel konzentrierten, die aus seinem Versagen als ökonomisches System resultierten, beruhten die Argumente für den Sozialismus auf der Liberalisierung und der Selbstverwirklichung, die er als ökonomisches System anbietet. Oder, um es anders auszudrücken: Man findet kaum politische oder kulturelle Rhetorik in der Literatur des Anti-kapitalismus und des Prosozialismus. Die Diskussion erfolgt mit dem Vokabular der Ökonomie.

Ich hoffe, niemand glaubt, ich würde die ökonomische Fort-schrittsinterpretation der Geschichte nur deshalb an den An-fang setzen, um sie dekuvrieren zu können, bevor ich auf die eigentlich wichtigen Themen zu sprechen komme. Das Ge-genteil ist der Fall. Ich versuche nämlich zu verdeutlichen, weshalb diese Vorstellung so eindringlich und dauerhaft an unserem Fortschrittskonzept haftengeblieben ist. Dies ist mei-ner Meinung nach notwendig, um die Beunruhigung erklären zu können, die so sehr zum Bestandteil unserer gegenwärti-gen Gemütsverfassung geworden ist. Gewiß hat jene Leitlinie, die den Fortschritt als linksorientierte Bewegung darstellte, für den derzeitigen russischen Trümmerhaufen, in dem Links und Rechts nur die Plätze getauscht zu haben scheinen, kei-nerlei Relevanz. Und welche Bedeutung hat dieses Konzept für die Lage in Jugoslawien, Somalia, der Südafrikanischen Union oder im Iran? Wären die passenderen Etiketten für die Situation in diesen Teilen der Welt nicht eher »Auf« und »Ab« oder »Vorwärts« und »Rückwärts«?

Natürlich stellte sich dann auch die Frage, was diese ande-ren Etiketten bewerten würden. Die Moral? Die Politik? Wel-che Antworten man auch immer finden mag, sie werden kaum jene innere Kohärenz und Überzeugungskraft haben, wie sie die spezifischen Attribute der Ökonomie als Methode zur Beobachtung und Beurteilung einer Gesellschaft bieten. Die historischen Beurteilungen von Smith, Marx, Keynes und Schumpeter sind nicht »falsch«. Jede von ihnen weist uns auf eine innere Logik des Wandels hin, die wir anderenfalls nicht hätten wahrnehmen können, und jede von ihnen durchdringt diese Logik mit moralischer Signifikanz und »wissenschaft-licher« Klarheit. Unsere gegenwärtige Situation ist ja gerade deshalb so schwierig, weil wir nicht in der Lage sind, die Er-eignisse mit einem vergleichbaren interpretativen Überbau zu beurteilen. Das Verhalten der serbischen Kämpfer, der somalischen Banditen, der Verfechter von Apartheid, der rachedürstenden islamischen Geistlichkeit, der wiederauftauchenden faschistischen Gruppen in Europa und der religiösen Rechten in den Vereinigten Staaten liegen alle außerhalb eines Bezugssystems, das es uns ermöglichen würde, den Ereignissen einen »Sinn« abzugewinnen. Die schrecklichen Bilder und Artikel, die uns das Fernsehen und die Zeitungen von diesen Ereignissen liefern, scheinen jeglicher »logischen Grundlage«, »Erklärung« oder »Verständlichkeit« zu entbehren – womit ich sagen will, daß sie nicht in das historische Schema passen, welches wir auszulegen gelernt haben. Sie bringen uns mit bestürzender Macht bei, daß es noch andere Bezugssysteme gibt, welchen wir nicht nur entgeistert, sondern auch noch völlig verständnislos gegenüberstehen.

Diese Bezugssysteme hat es schon lange vor dem Erwachen des Fortschrittsgedanken gegeben, aber als Kategorie im ökonomischen Prozeß waren sie kaum vorhanden. Es gab die alles entscheidende Bedeutung von Blutsverwandtschaft für die Entwicklung von sozialen Normen und Beziehungen; es gab den paranoiden Argwohn gegenüber ethnisch oder kulturell »anderen«; und es gab den Sieg der Unvernunft und die Glorifizierung von Macht. Die »ungeheuerlichen« Verhaltensweisen unserer eigenen Zeit beweisen, daß diese alten Bezugssysteme zwar verdrängt werden konnten, aber daß die ökonomischen Prozesse, von denen wir überzeugt sind, daß sie die gesellschaftlichen Kräfte sowohl antreiben wie binden, diese alten Strukturen eben nicht überwinden oder überwältigen konnten.

Es gibt noch einen anderen ernüchternden Gedanken. Ungeheuerliches Verhalten gab es während der ganzen Geschichte, selbst zu jener Zeit, als die Anschauung, Fortschritt sei mit Ökonomie verbunden, immer mehr an Bedeutung gewann. Ernüchternd ist der Gedanke, daß diese ökonomische Sichtweise sehr wahrscheinlich in den kommenden Jahrzehnten, ganz sicher aber während des kommenden Jahrhunderts an Überzeugungskraft verlieren wird. Die Probleme des Kapitalismus mehren sich. Wie wir gesehen haben, liegen die Möglichkeiten ihrer Eindämmung immer mehr unter der Obhut des politischen Prozesses, der uns keinerlei beruhigende Bezugssysteme von analytischer Klarheit und mit fortschrittlichen Implikationen bietet. Sogar der Zusammenbruch des sowjetischen Systems, der überall als Sieg für die Freiheit des Menschen gefeiert wurde, wurde bislang noch kaum als das wahrgenommen, was er nämlich auch war: eine Niederlage für die Hoffnungen des Menschen.

Die Lehren der Geschichte warnen uns also, daß unser heutiges Bewußtsein in einer Zeit geprägt wurde, die sich nun ihrem Ende nähert. Das Vertrauen, welches sich ganz natürlich in einer Gesellschaft bildet, die an eine Dynamik von überparteilichen Fortschrittskräften glaubt, wird kaum gleichermaßen in einer Gesellschaft entstehen, die sich der Verfügbarkeit von ökonomischen – ganz zu schweigen von selbsterzeugten – Lösungen ungewiß ist. Mit Sicherheit wird die Suche nach neuen Erkenntnissen dieses Vertrauen ersetzen, wobei der gesellschaftliche Antriebsmechanismus entlang der Leitlinien Auf und Ab, oder Vorwärts und Rückwärts, und nicht mehr an den bislang entscheidenden Leitlinien von Links und Rechts verlaufen wird. Und die Geschichte könnte uns mit der bedauerlichen Entdeckung strafen, daß es keine Kräfte gibt, die die Gesellschaft mit Sicherheit in jene neue Richtung treiben, in die wir uns zu bewegen versuchen.

2

Welche Formen dieses Auf und Ab auch immer annehmen wird, so scheint es doch sehr wahrscheinlich, daß sie etwas mit den Vorstellungen des Sozialismus zu tun haben werden. Mit »Sozialismus« meine ich eine Gesellschaft, die sich ganz eindeutig von der Vorstellung eines ökonomischen Determinismus gelöst hat. Eine solche Ablösung kann vielerlei Gestalt sein, doch im Rahmen meiner Argumentation muß es vor allem um eines gehen: um den Bruch mit dem mächtigsten und epochemachenden Merkmal des Kapitalismus – mit der von ihm geforderten Unterordnung allen Handelns unter die Imperative der Ökonomie.

Es gibt zwei Gründe, weshalb ein ökonomisch forciertes Verhalten nicht die systematische Kraft einer Gesellschaft sein kann, für die das Markenzeichen »Sozialismus« gerechtfertigt wäre. Der erste Grund wird häufig in der kritischen Literatur angeführt, nämlich daß Gesellschaften, die vom Drang zur Kapitalakkumulation getrieben sind und dem Druck des Marktes unterliegen, auch unter schweren Deformationen leiden. Dazu gehören das entfremdete Bewußtsein, das durch die extensive Kommerzialisierung entsteht; die Deformation des individuellen Charakters, die durch den Prozeß der extremen Arbeitsteilung hervorgerufen wird; und die die Gesellschaft zerstörende Tendenz zu Werten, welche sich eher individualistisch am Selbst als am anderen orientieren. Der zweite, weniger vertraute, aber nicht weniger ernstzunehmende Einwand ist, daß eine generelle Unterordnung von Handlungsweisen unter Verhaltensregeln, die von außen oktroyiert werden, den Fortschritt selbst von einem bewußt gewählten gesellschaftlichen Ziel zu einer unbewußten Konsequenz von Handlungen degradiert und diese somit ihres moralischen Inhalts beraubt. Meiner Ansicht nach wird der Sozialismus daher eher unter die Ägide von »Auf und Vorwärts« als von »Links« gestellt sein – diese Zuordnung enthält zwar eine wichtige moralische Botschaft, beinhaltet aber auch das Eingeständnis, daß wir nicht wissen können, welches seine innere Dynamik sein wird.

Vor moralischen Beurteilungen müssen Überlegungen zur Praktikabilität stehen – nämlich, ob eine nicht-kapitalistische Gesellschaft überhaupt »möglich« ist. Diese Frage beinhaltet zweierlei. Erstens, ob diese Gesellschaft nicht nur die Verteilung von Arbeit, sondern auch das Gleichgewicht zwischen »Input« und »Output« sichern könnte. Beides wäre unabdingbar, um die schiere Überlebensfähigkeit zu sichern. Die Frage kann ganz einfach deshalb bejaht werden, weil sozialistische Gesellschaften als Gemeinschaften angesehen werden, die jeden Wandel vermeiden und auf Traditionen konzentriert sind – das Volk aus der Kalahari in den Gewändern des Westens. Dies mag ja ein lebensfähiger Sozialismus sein, vor allem dann, wenn die ökologische Katastrophe jemals zuschlagen sollte. Anderenfalls aber könnten wir ihn kaum ernsthaft in Erwägung ziehen.

Schwieriger ist es mit Gesellschaften, die ihre Kohärenz und ihren Fortbestand einem zentralen Planungswesen anvertraut haben. Die ehemalige Sowjetunion ist dafür natürlich das beste Beispiel, und ihr Zusammenbruch wird allenthalben als Warnung betrachtet, daß solche Gesellschaften zum Versagen verdammt sind. Ich bin mir nicht sicher, ob dieses Urteil auch wirklich stimmt. Der Zusammenbruch könnte nämlich sehr wohl auch dadurch verursacht worden sein, daß zu den Problemen der Planung noch die schlechtesten Traditionen von bürokratischer Autokratie, primitive Kommunikationstechnologien und der extreme Druck des Kalten Krieges hinzugekommen sind. Wäre der Kapitalismus einst unter ähnlichen Bedingungen ins Leben gerufen worden, hätte er genauso versagen können. Entgegen der herrschenden Meinung bin ich also eher der Ansicht, daß die Praktikabilität eines zentralgeplanten Sozialismus als offene Frage behandelt werden sollte, immer jedoch davon ausgehend, daß eine solche Gesellschaft nicht zu ständigen wirtschaftlichen Reorganisationen – seien sie nun durch äußeren oder inneren Druck erforderlich – gezwungen wäre.

Das ist natürlich noch keine zufriedenstellende Antwort, denn das vorherrschende Konzept eines wünschenswerten Sozialismus sieht – aus kulturellen Gründen – normalerweise keine statische Gesellschaft vor oder – aus politischen Gründen (weil es keine Schweiz gäbe) – keine zentral geplante. Es stellt sich also nun die Frage, ob ein lebensfähiges System, das nicht von Traditionen gelenkt ist, nicht zentralisiert und nicht marktorientiert ist, überhaupt begründet werden kann. Vor einiger Zeit haben Michael Albert und Robin Hahnel eine faszinierende Antwort auf diese Frage angeboten.[55] Ich kann hier nur einige ihrer ungewöhnlichen Thesen umreißen. Ihr Plan sieht eine Gesellschaft vor, welche eher die partizipatorischen als die antagonistischen Beziehungen ihrer Mitglieder fördert. Ihre innere Kohärenz wäre durch ein »Wahlsystem« gesichert, das die Form der gesamten Produktionsmenge festsetzen würde. Der »sozialistische« Aspekt des Wirtschaftsplans wäre eher durch gesellschaftliche Zwänge gegeben, die die Wahl des Wählers beeinflussen würden, als durch den Planungsprozeß selbst. Das Solidaritätsethos würde gefördert werden, indem alle Mitglieder der Gesellschaft dazu verpflichtet wären, regelmäßig Aufgaben außerhalb ihrer regulären Arbeitsbereiche zu übernehmen. Ein Lebensstil, der keinerlei Neid erregen würde, könnte gefördert werden, indem jeder unterschiedslos generellen Verbrauchsnormen unterliegen würde. Die Möglichkeit von technologischer und organisatorischer Innovation würde durch wohldurchdachte Revisions- und Wahlmöglichkeiten bei allen vorgeschlagenen Veränderungen gefördert, aber auch begrenzt werden.

Könnte ein solches Gesellschaftssystem funktionieren? Für uns, deren Sozialisation unter recht unterschiedlichen Lebensbedingungen stattfand, erscheint es hoffnungslos naiv, utopisch und gegen die menschliche Natur. Aber ich gehe davon aus, daß auch unsere Lebensbedingungen für die meisten Menschen, die jemals auf dieser Erde gelebt haben, unnatürlich, vielleicht sogar noch unnatürlicher erscheinen würden als das oben beschriebene System – ich erinnere nur, wie konsterniert die Mitglieder des Ältestenrats der !Kung waren, als wir versuchten, ihnen die Marktwirtschaft zu erklären. Eine partizipatorische Gesellschaft würde natürlich organisatorische Probleme hervorrufen. Um ihre Funktionsfähigkeit zu sichern, bedürfte es einiger marktähnlicher Mechanismen. Wie jede andere Gesellschaft müßte auch sie auf dem Arbeitsmarkt die Nachfrage nach unbeliebter Arbeit und Routinearbeiten entwickeln. Sie müßte Individuen davon abhalten, mit ihren Wirtschaftsaktivitäten unsoziale Zwecke zu verfolgen. Manche dieser Probleme würden durch den üblichen gesellschaftlichen Anpassungsdruck reguliert werden. Andere würden neue Technologien, neue Institutionen und vor allem ein neues Konzept erfordern, wie der ökonomische Aspekt des Lebens in das soziale und politische Leben integriert werden könnte. Unvermeidlich würden neue Institutionen auch neue Probleme mit sich bringen. Dies ist nur ein grober Umriß, wie eine solche partizipatorische Ökonomie aussehen könnte. Aber er deutet bereits darauf hin, daß sie eine grundlegend neue, technisch funktionsfähige und moralisch attraktive Möglichkeit für die Zukunft sein könnte.

Bin ich aber auch der Meinung, daß dies die Richtung sein wird, in die sich die Dinge im 21. Jahrhundert entwickeln werden? Nein, das glaube ich nicht. Der Transitionsprozeß wäre zu schwierig; die neuen Vereinbarungen wären zu komplex; aber vor allem gäbe es eine zu heftige Opposition gegen einen derartig revolutionären Wandel, als daß er in einer – historisch gesehen – solch kurzen Zeit auftreten könnte. Die partizipatorische Ökonomie wird nicht das Gesellschaftssystem des 21. Jahrhunderts werden, ganz egal was geschehen wird, Katastrophen eingeschlossen.

Doch Ideen führen ihr eigenes Leben. Es ist nicht unmöglich, daß die Ziele und das gesamtgesellschaftliche Konzept eines partizipatorischen Systems während des kommenden Jahrhunderts in unser Bewußtsein eindringen werden. Ich glaube sogar, daß die mit diesem System verbundenen Vorstellungen und Ideale uns einen guten Dienst erweisen könnten, während wir mit riesigen Problemen kämpfen werden, um den Kapitalismus so gut wie möglich und so lange wie möglich funktionsfähig zu erhalten. Während dieser Jahre, in denen wahrscheinlich eher Spannungen und Enttäuschungen als Entschlossenheit und Erfolge an der Tagesordnung sein werden, werden uns diese Ideen helfen, auch noch ein anderes Ziel in Betracht zu ziehen, zu dem die Reise der Gesellschaft führen könnte.

Ist es nun immer noch möglich, zu glauben, daß der Sozialismus ein realistisches und akzeptiertes Ziel dieser Reise in den kommenden langen Jahrzehnten sein wird? Es kann durchaus möglich sein, daß moderne und angepaßte Formen des Kapitalismus – die ich an anderer Stelle ein »etwas imaginäres Schweden« genannt habe – auftauchen werden. Doch wie human und weitsichtig diese auch gestaltet sein mögen, so werden es immer noch Gesellschaften im Kräftefeld des Kapitalismus sein, also getrieben vom Drang nach Kapitalakkumulation und koordiniert vom Marktmechanismus. Zwei Probleme erschweren die Vorhersage über Entwicklungen, die die Grenzen eines solchen modernisierten Systems sprengen würden. Vor allem das Problem des Widerstands, auf den diese Entwicklungen stoßen würden. Albert und Hahnel sagen nichts über die Opposition, die ihr Vorschlag mit Sicherheit bei der Oberschicht und oberen Mittelschicht hervorrufen würde, da deren günstige Position mit diesem Konzept unterminiert werden würde.

Aber auch das ist noch nicht alles. Mir scheint, das eigentliche Problem wird sein, welches Konzept in einer postkapitalistischen Gesellschaft das Fortschrittskonzept ersetzen kann. Vielleicht lautet die Antwort, daß es keines geben wird und daß ein vollendeter Sozialismus nichts anderes wäre als die Summe vieler individueller Leben, die in einem zuträglichen sozialen Klima geführt werden können. Wie gesagt, in der ganzen langen Vergangenheit vor dem Auftauchen des Kapitalismus können wir kein Fortschrittskonzept entdecken. Statt dessen herrschten Stoizismus und Resignation – die starken Schmerzmittel der Menschheit – und Visionen von einem Leben im Jenseits – die große Versöhnungsphantasie des Menschen. Sie könnten durchaus auch wieder zu den vorherrschenden Ideen in einem Sozialismus werden, aber dieser

Sozialismus würde nicht mit unseren gegenwärtigen Vorstellungen, wie er aussehen sollte, übereinstimmen. Meiner Meinung nach wird Fortschritt, der entlang der Leitlinien von »Auf« und »Vorwärts« stattfinden wird, zur Kernidee des Sozialismus werden, und nicht Resignation oder Religiosität.

Muß ich hinzufügen, daß wir beinahe nichts mehr über die Dynamik von Auf und Vorwärts wüßten, wenn wir erst einmal die »ökonomischen« Motive für die Realisierung von beidem überwunden haben? Vielleicht heißt das nichts anderes, als daß der Charakter einer postkapitalistischen Zivilisation von den Motivationen abhängen wird, auf die ihre Bürger reagieren, von den Zwängen, denen sie sich freiwillig unterwerfen werden, und von den Zielen, die sie sich setzen. Aber das sagt noch nichts darüber aus, ob es solche Gesellschaften geben wird oder nicht. Wie so vieles in der Geschichte können wir auch dies nicht wissen. Es beweist nur, daß die Idee des Sozialismus entweder eine inspirierende oder eine furchteinflößende Vorstellung sein kann, was wiederum größtenteils davon abhängt, wie wir uns die menschliche Natur selbst vorstellen.

3

Ich möchte das Thema, wie verschieden die Vorstellung von der menschlichen Natur sein kann, mit einem Zitat von David Hume beginnen. »Wer kennt schon die Gefühle, Neigungen und Lebenseinstellungen der Griechen und Römer?« fragt er in seinem Buch *Enquiry Concerning Human Understanding.* »Also sollten wir das Temperament und die Handlungsweisen der Franzosen und Engländer gut studieren ... Der Mensch aller Zeiten und Orte gleicht sich so sehr, daß die Geschichte uns vor allem in dieser Hinsicht kaum etwas Neues oder Ungekanntes bieten kann.«[56]

Die menschliche Natur war für Hume also ein großer Stein von Rosette, mit dem er die Handlungen des Menschen, sei er nun fern oder nah, im Altertum oder der (wahrscheinlichen) Zukunft angesiedelt, dechiffrieren konnte. Doch diese transkulturelle Übereinstimmung ist nur ein Teil von Humes Argumentation. Er führt seinen Gedanken fort: »Falls ein Reisender, der aus einem fernen Land zurückkehrt, uns über Menschen berichten würde ... die ohne jegliche Habsucht, Ehrgeiz oder Rachegefühle wären und die nichts anderes kennen würden als Freundschaft, Großzügigkeit und Gemeinschaftsgeist, würden wir ihn augenblicklich ... zum Lügner stempeln, und zwar mit der gleichen Entschlossenheit, als hätte er seinen Bericht mit Geschichten über Zentauren und Drachen, Wunder und Übernatürlichem ausgeschmückt.«

Humes Ansicht nach ist die Vorstellung einer Zukunft, die sich vom allgemeinen Tenor der Vergangenheit gelöst hat, also unmöglich. Ich muß wohl kaum hinzufügen, daß eine solche Ansicht zur unumstößlichen Regel für die Lehren der Geschichte erhärtet werden kann. Wollen wir aber dennoch einmal annehmen, Humes Reisender würde heute aus dem Amerika des Jahres 2070 zurückkehren. Würden wir seinen Bericht nicht mit der gleichen Skepsis wie Hume aufnehmen? Und heißt das nicht, daß jegliche Fortschrittsvision, die die engen ökonomistischen Grenzen sprengt und nach Höherem strebt, eine Schimäre ist und daß daher auch der Sozialismus nicht mehr sein kann als bestenfalls ein Mittel für eine effektivere, vielleicht auch humanere Methode, die Arbeit einer Gesellschaft zu organisieren, keinesfalls aber auch ein Mittel für die Verbesserung ihrer Moral?

Ich möchte noch ein zweites Argument für Humes Skepsis anführen, und zwar mittels einer Vision des menschlichen Typus, der zu erwarten ist, wenn der Druck und die Deformationen der bestehenden Gesellschaft erst einmal beseitigt wurden und der befreite Mensch hervortreten kann. Was genau kann man von einem solchen Menschen erwarten, fragt eine vehemente Vertreterin dieses Konzepts – ob nun mit allem Ernst oder ironisch, ist schwer zu sagen:

»Man könnte sagen, daß der befreite Mensch der großzügige und uneigennützige Mensch ist; er ist auch ein schöpferischer Mensch, der seine Persönlichkeit und Talente von Zwängen befreit in schöpferischen Handlungen, seien sie nun manueller, intellektueller oder künstlerischer Art, oder in seinen Beziehungen zu anderen Menschen ausdrücken kann ... Er ist ein Individuum ohne Idole, Dogmen, Vorurteile oder unüberprüfte Vorstellungen. Er ist tolerant, von einem tiefen Gerechtigkeits- und Gleichberechtigungssinn durchdrungen und seiner selbst bewußt als gleichzeitig *individueller* und *universeller* Mensch.«[57]

Wieso ist diese Idealvorstellung so unglaubwürdig? Die Antwort finden wir in genau dem Argument, das uns dazu bringt, die Überzeugungskraft von Humes Vorstellung einzugestehen: Es liegt an der Anziehungskraft, welche teils klar umrissene und teils unartikulierte Begriffe auf uns ausüben, wenn wir durch sie eine menschliche »Natur« identifizieren können, die uns, wie unvollkommen auch immer, sagen kann, was wir von anderen zu erwarten haben und was nicht.

Können wir trotz all der deutlichen Risiken eine Vorstellung von der menschlichen Natur formulieren? Meiner Meinung nach kann zumindest der Kern dieser Natur konzis beschrieben werden: Die erwachsene Persönlichkeit erscheint erst, nachdem das Individuum die ganze Skala infantiler Abhängigkeiten durchlaufen hat. Alle entwickelten Arten erwerben einen Teil ihrer »Natur« aus ähnlichen Perioden von infantiler Konditionierung, doch bei keiner Art ist die Abhängigkeit von derart langer Dauer und daher von so entscheidender Bedeutung wie beim Menschen. Ich würde das eine psychoanalytisch durchdrungene Sicht der menschlichen Natur nennen.

Eine solche Sichtweise färbt unsere Erwartungshaltung in bezug auf das menschlichen Verhalten, indem sie – ganz im Sinne von Marx – davon ausgeht, daß »der Mensch seine eigene Geschichte macht, aber nicht immer so, wie er es möchte«.[58] Für Marx resultierten alle Verhaltenszwänge aus den sozialen Beziehungen; für Freud und seine Nachfolger aus den infantilen Beziehungen. Natürlich werden die Möglichkeiten zu sozialen Veränderungen durch diese Zwänge genausowenig verhindert, wie der Marxsche Inkubus der Vergangenheit revolutionäre Aktivitäten in der Zukunft verhindert hat. Damit ist aber nichts weiter gesagt, als daß ausnahmslos alle Protagonisten der Geschichte einen Spießrutenlauf absolvieren und dabei Hiebe einstecken müssen. Ausgeprägte elterliche Aufmerksamkeit kann mit der Unterstützung von Erziehungsinstitutionen zweifellos viele soziale Verhaltensweisen über die spontan eigenen hinaus beibringen, aber sie kann kein »befreites« Verhalten produzieren – das heißt ein Verhalten, das auf sowohl aktive wie passive Weise frei wäre von sublimiertem Zorn, von den unterschiedlichsten Selbstverleugnungen oder vom Ausleben unterdrückter Phantasien. Diese infantilen Sehnsüchte werden nie überwunden, sie erscheinen nur in den verschiedensten Verkleidungen. Sie bleiben in uns allen lebendig und bilden ein Substrat, das wir dann menschliche Natur nennen – ein Substrat, das die Anfälligkeit für vielerlei Arten von »irrationalen« Handlungen bedingt, darunter auch jene politischen und sozialen Verhaltensweisen, die so vieles im gegenwärtigen Verlauf der Geschichte unbegreiflich erscheinen lassen.

In dieser beunruhigenden Situation werden die bereits vorhandenen Ängste durch ernüchternde, ja sogar trübe Aussichten für eine materielle Verbesserung selbst in den geschütztesten und fortgeschrittensten kapitalistischen Ländern – ganz zu schweigen von den schrecklichen Aussichten für ganze Kontinente und Subkontinente – noch verstärkt. Die ökonomischen, technologischen und ökologischen Herausforderungen unserer Zeit werden aller Wahrscheinlichkeit nach die mobilisierenden Fähigkeiten des Kapitalismus verringern und die Anfälligkeit unserer unbewußten Energien für die rückständige Attraktion von ethnischer Zugehörigkeit, religiösem

Wahn und ähnlichen Sublimationen verstärken. In dem Maße, mit dem die Dynamik des »linksorientierten« Fortschritts, der die Etiketten Auf und Ab heraufbeschwor, schwächer wird, werden die Antriebsmechanismen »Vorwärts« und »Rückwärts« zunehmen. Doch dies wird nicht in der Richtung und entlang jener Leitlinien ablaufen, die wir uns wünschen würden.

Was bedeutet dies für den Kapitalismus im 21. Jahrhundert? Dies ist eine Frage, die eher für die Gesellschaftsstruktur als Ganzes beantwortet werden kann als für irgendeine in ihr bestehende individuelle Entität. Wir kennen die allgemeinen Probleme, gegen die der Kapitalismus ankämpfen muß, und wir kennen die Motivationen und Strukturen, die seine Auseinandersetzung mit ihnen prägen werden. Der Kapitalismus ist mit Sicherheit ein Gesellschaftssystem, das seine gewinnsüchtigen Energien aus besagtem unbewußten Verhaltenssubstrat zieht, daher muß davon ausgegangen werden, daß er sowohl die Energien als auch die Irrationalitäten seiner Triebmotivationen zum Ausdruck bringen wird. Der Kapitalismus ist auf eine Art und Weise strukturiert, die zu Entscheidungen zwischen der öffentlichen und der privaten Domäne zwingt. Doch das Gesellschaftssystem verkörpert ein völlig falsches Bild dieser beiden Seiten, da es die negativen Aspekte der privaten Domäne herunterspielt und die der öffentlichen Domäne überbetont. Daher ist die Aufgabenverteilung zwischen dem politischen und dem ökonomischen Sektor häufig falsch. Nicht zuletzt vertraut der Kapitalismus seine gesamte ökonomische Koordination einem Mechanismus an, der eindeutig unzureichend ist, um die drängendsten Probleme des kommenden Jahrhunderts zu lösen – nämlich die Internationalisierung der Produktion und die Globalisierung der ökologischen Zusammenarbeit. Man kann nicht gleichzeitig diesen Mängelkatalog betrachten und erwarten, daß das System als Ganzes die Reise durch das 21. Jahrhundert unbeschadet überstehen wird. Kein Gesellschaftssystem, das wie das unsere strukturiert ist, kann diese Reise ohne weitreichende Veränderungen seiner Institutionen antreten.

Der Blick auf die naheliegenderen Aussichten des Kapitalismus läßt jedoch eine ganz andere Einschätzung seiner Zukunft zu. Obwohl die grundlegenden Triebkräfte den irrationalen Tiefen der Psyche entstammen, sind die Kanäle, durch die diese Energien fließen, einmalig gute Voraussetzungen für eine effektive Verbesserung des materiellen Fortschritts. Unter einer veränderten institutionellen Anleitung könnte dieser materielle Fortschritt, wenn auch unter verschlechterten Bedingungen und bedrohlicher werdenden Problemen ausgesetzt, wahrscheinlich mehrere Generationen lang andauern. Und auch der Marktmechanismus hat, obwohl er für die gewaltigen Fehlkanalisierungen vieler Bemühungen verantwortlich ist, Wunderwerke an sozialer Koordination vollbracht. Diese grundsätzliche Fähigkeit könnte noch für eine relativ lange Periode genutzt werden, wenn man den Machtbereich des Marktmechanismus entsprechend verringern würde. Auch die dualen Domänen des Kapitalismus scheinen ebensogut wie alle institutionellen – und nicht nur konstitutionellen – Vereinbarungen nach wie vor dazu geeignet zu sein, die individuelle Freiheit im nächsten Stadium des Kapitalismus genauso zu schützen wie in der Vergangenheit. Schließlich, und dies ist kurzfristig gesehen vielleicht von größter Bedeutung, scheint gar kein alternatives Gesellschaftssystem in Sichtweite zu sein, zumindest nicht in dem Jahrhundert, das als Metapher für die Reichweite unserer Vorstellungskraft dient.

Von Kriegen und Katastrophen einmal abgesehen, wird der Kapitalismus daher sogar angesichts der globalen Erwärmung, die aller Wahrscheinlichkeit nach zur bedeutendsten Herausforderung im kommenden Jahrhundert werden wird, das wahrscheinlich dominierende Gesellschaftssystem für unsere Kinder und Kindeskinder bleiben. Aber das ist noch nicht alles. Sein partieller Niedergang, den wir in der langfristigen Beurteilung sehen, ist vor allem für jene von uns von Bedeutung, die in seinen favorisierten Enklaven leben und daher am ehesten Vorteile aus den verschiedenen Verhaltensweisen ziehen können, die mit den Anforderungen des Gesellschaftssystems kompatibel sind. Wenn es, was wahrscheinlich ist, eine Grenze der Gewinnsucht gibt, die wiederum notwendig ist, um die Lebenskraft des Systems zu erhalten, dann gibt es auch eine Grenze, über die hinaus Gewinnsucht der Anpassungsfähigkeit des Systems nicht länger von Nutzen sein wird, ja sogar schaden kann. Gleichermaßen kann man sagen: Wenn es eine Grenze der ökonomischen Indifferenz gibt, die notwendig ist, um dem Markt eine gute Funktionsfähigkeit zu erhalten – also die Bereitschaft, Individuen zu ermöglichen, ihre Chancen im Wettbewerb um wirtschaftliche Stellungen zu ergreifen –, dann gibt es auch eine Grenze, über die hinaus Indifferenz zur dysfunktionalen sozialen Ungerechtigkeit wird. Das heißt also auch: Wenn die Anerkennung einer separaten ökonomischen Domäne den Kapitalismus mit einem einzigartigen Schutz vor einer alles durchdringenden politischen Macht versieht, dann liegt die Schlußfolgerung nahe, daß die Stärke eines Volkes letztlich in der Durchsetzung von ökonomischen und nicht von politischen Zielen liegt. Mit anderen Worten, es gibt also einen Unterschied zwischen den Verhaltensweisen und Standpunkten, die eine kapitalistische Gesellschaft erfordert, und jenen, die sie toleriert oder zu welchen sie auf eigene Gefahr ermuntert. Von diesem selbstbestimmten Standort zwischen Verhaltensweisen und Standpunkten werden die Chancen jeder Nation abhängen, ob sie in der Lage sein wird, sich den Anforderungen des kommenden Jahrhunderts anzupassen.

Damit komme ich noch einmal auf die einzige Vorhersage zurück, die ich mir zu machen gestattet habe und die ich hier noch ein letztes Mal wiederholen möchte. Der Kapitalismus des 21. Jahrhunderts wird von einem ganzen Spektrum von verschiedenen Arten des Kapitalismus geprägt sein, von denen einige erfolgreich sein werden, andere hingegen nicht. Die entscheidende Frage für die Amerikaner, aber vielleicht auch für die gesamte übrige Welt, wird sein, wo die eigene Nation in diesem Spektrum angesiedelt sein wird. Ich habe zuvor von einem »etwas imaginären Schweden« gesprochen, das am einen Ende der gesamten Bandbreite kapitalistischer Gesellschaften liegen würde. Nun möchte ich hinzufügen, daß es genauso möglich ist, von einem sehr viel weniger imaginären Amerika am anderen Ende dieses Spektrums zu sprechen. Im Kontext mit den Realitäten des 20. Jahrhunderts hat sich Schweden als nicht funktionsfähig herausgestellt. Amerika könnte sich als ebenso funktionsuntauglich herausstellen, es sei denn, es würde sich gewaltig verändern.

Ein letztes Wort scheint mir hier noch angebracht. Ich bin nicht so närrisch, zu glauben, daß ein Bezugssystem aus unsicheren Analysen und persönlichen Visionen es uns ermöglichen könnte, das zu vermeiden, wovor Kliutschewski gewarnt hat. Vielleicht sind die Lehren der Geschichte ihre Strafen. Aber ich hoffe, indem wir uns bewußt machen, was das 21. Jahrhundert für den Kapitalismus bereithält, haben wir die Möglichkeit, wenigstens einigen dieser Strafen, die wir anderenfalls erdulden müßten, zu entgehen.

Dank

Dieses Buch begründet sich auf die von mir im Herbst 1992 gehaltenen *Massey Lectures*. Daher gilt mein Dank auch in erster Linie der *Canadian Broadcasting Company* und dem Massey College, die mich eingeladen haben, an dieser bekannten Vortragsreihe teilzunehmen; vor allem aber danke ich Bernie Lucht, dem amtierenden Direktor des *Ideas Program*, das den Rahmen für diese Vorträge bildet. Ich danke auch dem *House of Anansi Press*, das die englischen Manuskripte meiner Vorträge beispielhaft schnell redigiert und veröffentlicht hat.

Seit dieser Veröffentlichung habe ich zusätzliches philosophisches und historisches Material, das mir für Rundfunkvorträge nicht geeignet schien, in den Text eingearbeitet und anschließend in einem Schlußvortrag unter dem Vorsitz von Ann Saddlemyer, Leiterin des Massey College, präsentiert. Auch ihrer freundlichen Unterstützung schulde ich Dank. Das Material selbst war meinem Essay »History's Lessons« entnommen, der im Dezember 1992 in *Social Research* veröffentlicht wurde. Es wurde nun in die Einführung und das letzte Kapitel dieses Buches eingearbeitet.

Nicht zuletzt möchte ich meinem guten Freund Peter L. Bernstein und meinem hochgeschätzten Kollegen William Milberg für ihre freundschaftliche Kritik danken. Und schließlich danke ich Donald Lamm, der seit beinahe zwanzig Jahren mein Lektor und Verleger ist, für seine Geduld und seine Beratung.

Anmerkungen

1 Zitat in: Vladimir Shmelev und Nikolai Popov, *The Turning Point*, New York 1989, Doubleday, S. 75.

2 Robert Heilbroner, »The Clouded Crystal Ball«, in: *Papers and Proceedings*, Mai 1974, American Economic Association.

3 Das Ausrufezeichen kennzeichnet den Schnalzlaut in der Sprache dieses Volkes.

4 Elizabeth Marshall Thomas, *The Harmless People*, New York 1958, Vintage, S. 49–50.

5 Siehe »The World of Work« in meinem Buch: *Behind the Veil of Economics*, New York 1988, Norton.

6 Frei zitiert aus meinem Buch: *The Making of Economic Society*, 9. Aufl., Englewood Cliffs, N. J. 1992, Prentice Hall, S. 13–14.

7 Siehe Vernon Smith, »Hunting and Gathering Societies«, in: *The New Plagrave*, Bd.II, New York 1987, Macmillan, S. 695–96.

8 Marshall Sahlins, *Stone Age Economics*, New York 1972, Aldine, Kap.1.

9 Alexander Rustow, *Freedom and Domination*, Princeton, N. J. 1980, Princeton University Press, S. 29.

10 Siehe Eli Sagan, *At the Dawn of Tyranny*, New York 1985, Knopf.

11 Adam Smith, *Der Wohlstand der Nationen. Eine Untersuchung seiner Natur und seiner Ursachen*, München 1974, C. H. Beck'sche Verlagsbuchhandlung, S. 55.

13 Adam Smith, *The Theory of Moral Sentiments*, Oxford 1976, Clarendon Press, S. 50–51.

14 Smith, *Wohlstand*, op. cit. S. 29.

15 Karl Marx, *Das Kapital*, Frankfurt/M. – Berlin 1969, Ullstein, S. 543.

16 Smith, *Wohlstand*, op. cit. S. 282.

17 Karl Marx, *Das Kapital*, op. cit., S. 705.

18 Smith, *Wohlstand*, op. cit. S. 9–10.

19 Smith, *Wohlstand*, op. cit. S. 622, 625 ff. Siehe auch meinen Beitrag: »Paradox of Progress: Decline and Decay«, in: *Essays on Adam Smith*, Hrsg., A. S. Skinner und T. Wilson, Oxford 1975, Clarendon Press.

20 Paul Bairoch, in: Just Faaland, *Population and the World Economy in the 21st Century*, Oxford 1982, Basil Blackwell, S. 192.

21 *Economic Report of the President*, Washington, DC, 1986.

22 Smith, *Wohlstand*, op. cit. S. 662.

23 Edmund Wilson, *To the Finland Station*, New York 1972, Farrar, Straus & Giroux, S. 142.

24 Siehe David Gordon, Richard Edwards und Michael Reich, *Segmented Work, Divided Workers*, New York 1982, Cambridge University Press.

25 Edward J. Nell, *Transformational Growth and Effective Demand*, New York 1992, Macmillan.

26 Smith, *Wohlstand*, op. cit. S. 582.

27 Smith, *Wohlstand*, op. cit, S. 106

28 C.B. Macpherson, *The Theory of Possessive Individualism*, New York 1962, Oxford University Press.

29 Gerald Piel, *Only One World*, New York 1992, W. H. Freeman, S. 246.

30 John Maynard Keynes, *A Treatise on Money*, Bd. 2, London 1953, Macmillan, S. 156−57.

31 John Maynard Keynes, *The General Theory of Employment, Interest and Money*, New York 1936, Harcourt Brace, S. 129.

32 John Cornwall, *The Theory of Economic Breakdown*, Cambridge, Mass. 1990, Basil Blackwell, S. 40.

33 Seymor Martin Lipset, *The First New Nation: The United States in Historical and Comparative Perspective*, New York, Basic Books, S. 251.

34 Einen ausgezeichneten Überblick bieten: Vladimir Shmelev und Nikolai Popov, *The Turning Point*, op. cit.

35 Siehe Ludwig von Mises, »Economic Calculation in the Socialist Commonwealth«, in: *Collectivist Economic Planning*, Hrsg. Friedrich von Hayek, London 1935, Routledge & Sons, S. 105; sowie Oskar Lange und Fred Taylor, *On the Economic Theory of Socialism*, New York 1938, McGraw-Hill, S. 87−89.

36 Lange und Taylor, ibid, S. 109−10.

37 R. Heilbroner und A. Singer, *The Economic Transformation of America: 1600 to the Present*, San Diego 1984, Harcourt, Brace, Jovanovich, S. 203.

38 Alfred Chandler, *Scale and Scope: The Dynamics of Industrial Capitalism*, Cambridge, Mass. 1990, Harvard University Press.

39 Michael Schudson, *Advertising: The Uneasy Persuasion*, New York 1984, Basic Books, Kap. 4.

40 E. F. Schumacher, »Buddhist Economics«, in: *Small is Beautiful*, London 1973, Bland & Briggs.

41 Paul Kennedy, *Preparing for the Twenty-First Century*, New York 1993, Random House, S. 105, 111. Siehe auch S. 43−44 zu der oben erwähnten Ausdehnung der Weltbevölkerung und des Wohlstands.

42 Siehe meine »Analysis and Visions in the History of Modern Economic Thought«, in: *Journal of Economic Literature*, Sept. 1990, S. 1097−1114.

43 Smith, *Wohlstand*, op. cit., S. 664.

44 John Maynard Keynes, *General Theory*, op. cit., S. 376−378.

45 Joseph A. Schumpeter, *Capitalism, Socialism and Democracy*, New York 1942, Harper & Bros., S. 163.

46 Ibid., S. 84, 118 und S. 163, Fn 7.

47 Ibid., S. 143.

48 Ibid., S. 196, 198, 203, 204, 211.

49 Alfred Marshall, *Principle of Economics*, London 1936, Macmillan, S. 721–22; Friedrich von Hayek, *The Fatal Conceit*, Chicago 1988, University of Chicago Press, S. 27.

50 Smith, *Wohlstand*, op. cit., S. 58.

51 Smith, *The Theory of Moral Sentiments*, op. cit, Teil IV, Abschn.II, Kap.I.

52 *The Collected Works of John Stuart Mill*, Bd.III, Toronto 1981, University of Toronto Press, S. 754.

53 Zu US- und OECD-Einnahmen und -Ausgaben, siehe Louis A. Ferleger und Jay R. Mandel, *No Grain, No Pain*, New York 1993, Twentieth Century Fund, Tabelle 1. Der Vorschlag Rohatyns erschien in: »What the Government Should Do«, in: *New York Review of Books*, 25. Juni 1992.

54 Zum Vergleich der Einkommens- und Umsatzsteuern sowie als allgemeine Studie über die verschiedenen Steuerarten, siehe Ferleger und Mandel, ibid., Tabellen 6 und 7.

55 Michael Albert und Robin Hahnel, *Looking Forward: Participatory Economics for the Twenty-First Century*, Boston 1991, South End Press; und: *The Political Economy of Participatory Economics*, Princeton, N.J. 1991, Princeton University Press. Ersteres ist eine allgemeine Einführung; das zweite eine streng methodische ökonomische Expositon.

56 David Hume, *An Enquiry Concerning Human Understanding*, Chicago 1935, Open Court, S. 85–86.

57 Mathilde Niel, »The Phenomenon of Technology«, in: Erich Fromm, *Socialist Humanism*, Garden City, N.Y.m 1965, Doubleday, S. 306.

58 Emile Burns, Hrsg., *A Handbook of Marxism*, New York 1935, Random House, »The Eighteenth Brumaire of Louis Bonaparte«, S. 116.

Namenregister